◆ 国家社科基金青年项目（项目批准号：17CJY034）
◆ 山东省泰山学者工程专项经费资助项目
◆ 山东社会科学院出版资助项目

实物期权视角下的农地退出机制研究

高 阳◎著

中国社会科学出版社

图书在版编目（CIP）数据

实物期权视角下的农地退出机制研究 / 高阳著.
北京：中国社会科学出版社, 2024. 7. -- ISBN 978 - 7
- 5227 - 3816 - 1

Ⅰ. F321.1

中国国家版本馆 CIP 数据核字第 2024BE4607 号

出 版 人	赵剑英
责任编辑	王　曦
责任校对	李斯佳
责任印制	戴　宽

出　　版	中国社会科学出版社
社　　址	北京鼓楼西大街甲 158 号
邮　　编	100720
网　　址	http://www.csspw.cn
发 行 部	010 - 84083685
门 市 部	010 - 84029450
经　　销	新华书店及其他书店

印刷装订	北京君升印刷有限公司
版　　次	2024 年 7 月第 1 版
印　　次	2024 年 7 月第 1 次印刷

开　　本	710×1000　1/16
印　　张	10.5
插　　页	2
字　　数	133 千字
定　　价	59.00 元

凡购买中国社会科学出版社图书，如有质量问题请与本社营销中心联系调换
电话：010 - 84083683
版权所有　侵权必究

前　言

农村土地制度改革是现阶段中国农村改革的核心问题。自改革开放以来，中国经历了世界上规模最大、速度最快的城镇化进程，农村人口持续向城市转移，使农村人地关系产生持续变化，"人地分离"等现实问题逐渐成为制约农业农村高质量发展的重要因素。深化农村土地制度改革以持续释放制度红利成为破解上述瓶颈的必由之路。在巩固和完善农村基本经营制度的前提下，深化农村土地制度改革，统筹推进农村承包地、宅基地、集体经营性建设用地"三块地"改革，将是未来相当长时期农村改革的重点任务。

农民土地承包经营权有偿退出机制（简称农地退出机制）是现阶段农地制度改革理论研究和实践探索的前沿命题。在理论层面，农地退出机制的理论逻辑、基本原则、运行机理、补偿标准、具体路径等问题均有待深入研究。在实践层面，中国多地已开展各具特色的实践探索，形成了一批各有侧重的退出模式，为研究的开展提供了丰富素材。在政策层面，农地退出机制设计所遵循的依法、自愿、有偿原则已基本确立，但是在具体制度设计层面仍有诸多问题有待深入探讨。

作为一项理论与政策相结合的研究，本书致力于探究农地退出机制中的若干重点问题：一是农地退出机制中的农地价值应如何界定？二是农地价值对农民土地承包经营权退出意愿的影响机制如何？这包括农地价值对农民农地退出决策的影响、农地价值与农民农地退出补偿方式偏好之间的关系两个方面的问题。三是中国农地退出实践探索的典型模式有何特征和适用范围？四是中国农民农地退出机制设计应遵循何种基本原则和选择何种具体路径？

在厘清现实背景和梳理既有文献的基础上，本书首先从理论层面探讨了实物期权视角下的农地价值界定问题；其次开展了农地价值对农民农地退出意愿的影响机制分析和实证检验，结合中国农地退出的实践总结和模式归纳开展了政策讨论；最后提出了具体政策建议。本书认为，农地价值中隐含了不确定性所带来的实物期权价值，导致以土地流转租金、土地征收补偿等为依据测算的补偿标准均可能低于农地实际价值。实证研究表明，农地价值会影响农民农地退出意愿，具体涉及农地经济价值和农地功能价值两个层面。农地经济价值越高，农民的农地退出意愿就越可能被抑制。农地承载的功能价值如失业保险功能、社会保障功能、财产性诉求和发展性诉求等，均可能抑制农民的农地退出意愿。此外，农地价值会通过影响农民进城意愿影响其农地退出意愿。农民对农地的价值诉求还会影响到其农地退出补偿方式偏好。本书将中国农地退出实践归纳为"土地换户籍""土地换现金""土地换保障""土地换股权"四种模式，不同模式在产生背景、适用区域等多个方面存在差异，农地价值认知与补偿制度设计也有所不同。在农地退出机制的补偿原则确定方面，研究认为功能替代原则契合农地退出的政策初衷和定位，有助于解决农地退出政策推进面临的若干现实难题。在具体对策方面，提出应完善农地价值标准以保障进城农民利益，坚持因地制宜原则选择退出补偿方式，明确农地退出的阶段性政策定位并稳步实施，加强城乡资源统筹以拓宽资金来源渠道，加快建立土地承包经营权、宅基地使用权、村集体经济产权的协同退出机制。

目 录

第一章 导论 …………………………………………… (1)
 第一节 研究背景 ………………………………… (1)
 第二节 研究目标与研究意义 …………………… (7)
 第三节 研究现状 ………………………………… (9)
 第四节 研究思路与内容安排 …………………… (25)
 第五节 研究特色与创新之处 …………………… (27)

第二章 理论分析：实物期权定价视角下的农地价值
   与最优退出时机选择 ……………………… (29)
 第一节 分析视角：基于实物期权的农地价值探讨 …… (29)
 第二节 农地经济价值的实物期权定价模型 ………… (42)
 第三节 最优停时与农户退出决策模型 ……………… (51)
 本章小结 ……………………………………………… (61)

第三章 农地价值对农民农地退出意愿的影响 ……… (63)
 第一节 机理分析 ………………………………… (63)

· 1 ·

第二节　数据来源与描述性统计 …………………… (65)
第三节　农地经济价值与农民农地退出意愿 ………… (67)
第四节　农地功能价值诉求与农民农地退出意愿 …… (73)
本章小结 …………………………………………………… (80)

第四章　农地价值、农民进城意愿与退出补偿方式偏好 …… (81)
第一节　文献回顾和机理分析 …………………………… (81)
第二节　农地价值对农民差异化进城意愿的影响 …… (84)
第三节　农地价值对农民农地退出补偿方式
　　　　偏好的影响 ……………………………………… (90)
本章小结 …………………………………………………… (96)

第五章　中国农地退出的主要模式与典型案例 ……………… (98)
第一节　中国农地退出实践的阶段划分 ……………… (98)
第二节　农地退出试点的主要模式 …………………… (102)
第三节　模式比较与政策启示 ………………………… (112)

第六章　农地退出补偿的政策探讨 ………………………… (121)
第一节　农地退出的政策初衷与等价交换原则下的
　　　　现实困境 ……………………………………… (121)
第二节　基于功能替代原则推动农地退出的政策
　　　　意义与实践价值 ……………………………… (124)
第三节　农地退出机制中的退出补偿方式选择 ……… (129)

第七章　主要结论与政策建议 ……………………………… (133)
第一节　主要研究结论 ………………………………… (133)

第二节　关于农地退出机制设计的政策建议……………(138)

附录　农民农地退出意愿的调查问卷……………(142)

参考文献……………………………………………(147)

后记…………………………………………………(156)

第一章 导论

第一节 研究背景

"三农"问题是关系国计民生的根本问题。土地制度是农村经济制度体系和农业发展的基础制度，是农村变革最原本的核心问题。[①] 在城镇化建设取得历史性成就、农业规模化经营趋势明朗、转移人口市民化进程加快攻坚的特殊阶段，构建离地进城农民的土地承包经营权依法自愿有偿退出机制，将有助于进一步优化农村土地资源配置，促进适度规模经营发展，进而推进农业现代化、农村城镇化和农业转移人口市民化。农民土地承包经营权退出（以下简称农地退出）作为中国农业农村改革进程中的一项重要阶段性政策，正在受到理论界和决策部门的重点关注。

一 现实需求：农村人地关系持续变化引致的改革需求

从现实需求来看，城镇化进程中的农村人口持续向城市转移使农村人地关系产生持续变化，农地退出正在成为解决农业农村发展

[①] 罗必良等：《产权强度、土地流转与农民权益保护》，经济科学出版社2013年版，第1页。

诸多现实问题的新突破口。改革开放以来，中国城镇化率从1978年的17.9%提高到2014年的60.6%，城镇常住人口从1978年的1.7亿人增长到2014年的8.5亿人，乡村常住人口为6.2亿人。① 截至2021年年底，全国常住人口城镇化率达到64.7%，城镇常住人口已达到9.1亿人，乡村常住人口低于5亿人，全国人户分离人口超过5亿人，农民工总量2.9亿人。②

在人地分离的现实条件下，土地流转作为提高农村土地资源配置效率、避免"土地抛荒"现象发生的阶段性政策措施，经历了一段高速发展期，目前其瓶颈逐步显现。2003年3月1日起施行的《中华人民共和国农村土地承包法》明确提出承包方可以保留土地承包权，流转其承包地的土地经营权，由他人经营。截至2017年年底，全部或部分流转出土地的农户超过7000万户，面积达到5.12亿亩，占家庭承包地总面积的37%③。2021年年初，全国已有1239个县（市、区）、18731个乡镇建立农村土地经营权流转服务中心，全国家庭承包耕地流转面积超过5.55亿亩，超过确权承包地的三成；在粮食生产第一大省黑龙江，全省土地流转面积超过1.3亿亩，占耕地面积的54%。④

土地流转的合约期过短、易发生纠纷等缺陷制约了农地规模化经营的质量提升和农业现代化的深入推进，迫切需要更加稳定的规模化农地供给。与此同时，部分进城落户的农民已无返乡务农的意愿和可能性，存在永久退出承包经营权以获取市民化所需发展资源

---

① 国家统计局：《2014年国民经济和社会发展统计公报》。
② 国家统计局：《2021年国民经济和社会发展统计公报》。
③ 韩长赋：《深入研究农村土地制度改革的八个重大问题》，《中国乡村发现》2019年第1期。
④ 乔金亮：《〈农村土地经营权流转管理办法〉3月1日起施行——15亿亩承包地如何合理有序流转》，《经济日报》2021年2月8日第1版。

的需求。因此,农地退出与农民利益密切相关,农地退出的试点和政策推进具有潜在现实需求。

二 理论需求:现阶段农地制度改革理论探索的创新前沿

从理论需求来看,农地退出机制设计是现阶段农地制度改革理论探索的创新前沿。中国农村基本经营制度和农地制度改革的阶段性需求共同构成了提出农地退出问题的理论背景。"三权分置"是中国稳定农村基本经营制度和深化农村土地制度改革的一项重要理论创新。在广泛的实践探索和试点过程中,各地通过将农村土地承包经营权与所有权分离、承包权与经营权分离,有效破解了农村土地集约利用和农业适度规模经营所面临的土地资源瓶颈。在此制度创新框架下,不改变农村土地所有权和承包权关系,仅对经营权进行市场化配置的土地流转得到了长足发展。然而,土地流转契约的短期性、不稳定性等问题的存在,难以满足农地规模经营主体的长期性、稳定性土地需求,制约了农业长期投资决策,影响农业实现高质量发展。为充分保障"离农""离地"农民利益,国家允许进城落户农民继续保有承包经营权,同时加快农地自愿有偿退出机制设计,不断优化农地资源配置。由于中国农地制度的特殊性,农地退出缺乏可供深度借鉴的国际经验,需要立足国情开展理论探索。特别是在农地承载功能呈总体复杂化和地区差异化演变特征、农户分化日益显著、农民退出意愿呈多元化趋势等客观条件的约束下,厘清农地退出机制的运行机理,科学评估农地价值,具有较强的理论创新价值。

特别是在农地退出具体机制设计方面,仍有很多理论问题亟待解答,需要在既有研究成果和实践经验的基础上开展更加深入的理论探讨。一方面,中国城镇化进程由快速发展期进入高质量发展期，与户籍制度改革相挂钩的农民土地承包经营权退出机制的局限性开始显现；另一方面，各地差异较大，很难设计出适应不同区域、不同禀赋、不同发展阶段农村地区的土地制度改革措施，对已取得一定成效的试点案例也需要结合当地实际进行理性分析。在农地退出机制的政策框架中，补偿机制是关键一环，关于补偿机制的基本原则、运行机理、补偿标准、具体路径等问题仍有待深入研究。

三 实践进展：多地的实践探索与各有侧重的退出模式

从实践进展来看，农地退出机制已在中国多地开展实践探索，各地根据自身实际开展了各有侧重的退出模式试点。早在农村户籍制度改革过程中，一些地区已将农民土地承包经营权永久退出作为配套措施，开展了颇具参考价值的试点，如2006年四川省成都市温江区的"双放弃"和2010年重庆市的"退三进五"改革。2014年3月，重庆市梁平县（现重庆市梁平区）农民自发进行了承包地的退出尝试，农户自愿有偿退出撂荒承包地，由专业大户承包。梁平县川西村和万年村分别进行了"整户退出、集中使用"和"部分退出、定制用地"的农民承包土地退出模式探索。

2014年年底，"土地承包经营权退出试点"任务被列入第二批国家级农村改革试验区试验任务，各地结合自身实际进一步开展试点探索，典型的模式有与老年农民退养相结合的上海松江模式、与工商资本相结合的湖北黄陂模式、与农村集体转型相结合的江苏苏州模式、与生态移民安置相结合的宁夏平罗模式等。四川省内江市开展了"永久退出"和具有过渡性、缓冲性特征的"长期退出"模式试点。重庆市九龙坡区的"双交换"、浙江省嘉兴市的"两分两换"和四川省成都市温江区的"双放弃"等模式则聚焦于农民以承包土地换取社会保障。

上述试点地区发展差距较大，改革诉求各异，其制度设计受到政策约束、资金筹措、农民诉求等诸多因素影响，退出方案多为"非永久性退出"和"永久性退出"[①]并存，不利于从根源上破解人地分离的制度性困局，且有可能加大后续改革的难度。因此，深入剖析实践探索中形成的主要退出模式，指出其制度设计中的缺陷与不足，具有极强的现实意义。

在国际实践方面，很多国家鼓励老年农民退出农地，以推进农业现代化和保障粮食安全。例如，欧美一些国家提出了老年农民提前退休计划；韩国推出了老农提前退休直接给付计划；日本通过农民年金制度中的特别附加年金制度设计，鼓励老年农民退出农地经营并将农地交给继承者或转移给专业农民；美国则主要采用税收制度推进农地的释放。各国的相关实践同样可以为中国的农地退出机制设计提供借鉴。

四 政策进程：自愿有偿原则逐步确立而有偿原则亟待细化

从政策进程来看，农地退出机制设计所遵循的依法自愿有偿基本原则逐步确立，目前有偿性原则亟待细化。2015年，国务院办公厅《关于加快转变农业发展方式的意见》提出："在坚持农村土地集体所有和充分尊重农民意愿的基础上，在农村改革试验区稳妥开展农户承包地有偿退出试点，引导有稳定非农就业收入、长期在城镇居住生活的农户自愿退出土地承包经营权。"2016年中央一号文件进一步明确提出："维护进城落户农民土地承包权、宅基地使用权、

[①] "非永久性退出"是指进城落户农民仅退出本轮承包期内的承包经营权并获得相应补偿，本轮承包期结束后，农民仍有权继续承包土地；此类退出形式本质上是更长期性的土地流转。"永久性退出"则是农民永久、不可逆地退出承包经营权并获得补偿。

集体收益分配权，支持引导其依法自愿有偿转让上述权益。"2017年中央一号文件指出："允许地方多渠道筹集资金，按规定用于村集体对进城落户农民自愿退出承包地、宅基地的补偿。"2019年1月1日起新实施的《中华人民共和国农村土地承包法》规定："承包期内，承包农户进城落户的，引导支持其按照自愿有偿原则依法在本集体经济组织内转让土地承包经营权或者将承包地交回发包方，也可以鼓励其流转土地经营权。"2019年中央一号文件则强调"不得以退出承包地和宅基地作为农民进城落户条件"。2019年12月，国家发展改革委、中央农村工作领导小组办公室等十八部门联合印发了《国家城乡融合发展试验区改革方案》，提出"建立进城落户农民依法自愿有偿转让退出农村权益制度"。2021年中央一号文件明确提出："保障进城落户农民土地承包权、宅基地使用权、集体收益分配权，研究制定依法自愿有偿转让的具体办法。"2023年中央一号文件提出："保障进城落户农民合法土地权益，鼓励依法自愿有偿转让。"

农地退出机制作为现阶段农地制度改革创新的重点任务，制度设计所遵循的依法自愿有偿基本原则已基本确立。该项政策涉及多方利益主体，且受限于不同地区的资源禀赋差异，农地退出意愿影响因素复杂多元、补偿标准缺乏公允锚定基础等问题客观存在。细化农地退出（特别是永久性退出）机制的有偿性原则，厘清其补偿标准确定的目标导向是顺利解决上述现实难题的关键所在，也应作为政策研究的焦点问题。

综上可见，在巩固和完善中国农村基本经营制度的前提下，深化农村土地制度改革，为农业现代化奠定良好基础，农地退出机制是有力的突破口，开展农地退出机制的研究恰逢其时。农地退出机制改革的核心问题是如何开展补偿机制设计，这正是本书研究的主要方向。

第二节 研究目标与研究意义

一 研究目标：探究农地退出机制的若干问题

目前，相关研究主要集中在宏观层面，中微观层面也存在一批尚未解决的问题，全书主要尝试解答以下问题。

一是农地退出机制中的农地价值界定。厘清农地价值是开展补偿机制研究的基础。实物期权价值作为一种资产定价理论和思维方式，对于理解中国农地价值具有较强的指导意义。通过合理确定农地价值，为农地退出机制的设计提供理论支撑。

二是农地价值对农民土地承包经营权退出意愿的影响。深入分析农民的农地退出意愿是补偿机制设计的必要前提。农民的农地退出意愿包括两个层面问题：其一，是否愿意退出，本书主要研究农地价值对其退出决策的影响；其二，退出补偿方式偏好，本书主要研究农地价值与退出补偿方式偏好之间的关系。

三是中国农地退出实践探索的典型模式及其比较。实践中已形成多种农地退出模式，试点区域代表性很强，覆盖了经济发达地区和欠发达地区、农业发达地区和欠发达地区。通过比较提出不同地区试点方案的运行机理、优势劣势、适用范围，有助于加快相关政策的顶层设计和试点模式推广应用。

四是中国农地退出机制设计的基本原则和具体路径。实践探索中主要遵循等价交换原则，政策引导能力偏弱。本书基于农地实物期权价值和城乡统筹发展的视角，提出农地退出的补偿原则应遵循功能替代原则。在此基础上，针对农地退出机制设计面临的制度瓶颈、资金来源、模式选择等难点问题，提出了解决方案和政策建议。

二 研究意义：兼顾本轮农地退出机制改革的理论和现实需求

在选题价值方面，以农地退出机制特别是补偿机制为研究对象，契合本轮农地退出机制改革的理论和现实需求。在巩固和完善农村基本经营制度的前提下，深化农村土地制度改革，是解决城镇化进程中"人地分离"等农业农村发展所面临现实问题的必然要求。农地退出机制是农村土地制度改革的重要一环，在加速推进"以促进人的城镇化为核心、提高质量为导向"的新型城镇化战略和推动农业现代化产业化经营等方面均会产生重要影响，有必要厘清其背后的理论逻辑和运行机理。

在理论创新方面，期望拓宽农地制度改革相关理论研究边界。引导土地承包经营权依法自愿有偿退出是现阶段中国农村土地制度改革的一项重要创新，有必要建立科学的理论框架并进行政策演变逻辑的深刻探讨。本书选择农地退出机制中的补偿机制为研究对象，从实物期权视角出发开展理论研究，尝试厘清农地的合理价值如何确定、农地退出意愿与补偿方式和标准之间存在何种关系、农地承载功能对农地退出行为存在何种影响机理等相关学术命题，丰富农地退出机制的理论研究成果。

在服务决策方面，期望为农地退出政策的顶层设计提供参考，并对总结提炼和优化改进现有农地退出试点模式提供具备理论支撑的建议。在工业化和城镇化背景下，兼顾农民利益保障与农村土地资源优化配置的双重目标，理顺进城农民的土地承包经营权退出机制，为新型现代农业发展和农村土地规模化、集约化经营提供更多空间，是一项迫切而重要的现实命题。本书以农地退出机制的补偿机制为研究对象，从相对新颖的视角探讨农地退出机制设计的补偿原则、补偿标准、补偿方式等问题，梳理农地功能演变及其对农地退出政策设计的影响,比较研究国内典型的农地退出模式和案例,尝试提出农地退出补偿顶层设计的若干原则,具有一定的现实价值。

第三节 研究现状

农民土地承包经营权有偿退出是基于中国特殊农村土地制度的一个重要的研究领域,相关研究主要集中于以下关键问题:一是农地退出机制设计应遵循何种原则。二是农地退出的具体机制应如何设计。三是如何匹配政策目标与农民的农地退出意愿。首先,本节将对学界关于农民土地承包经营权退出的概念界定、基本原则等问题的观点进行梳理,从宏观维度把握其内涵界定。其次,对具体农民土地承包经营权退出机制的相关研究进行总结,从中观维度梳理退出机制设计的基本原则、目标定位和核心措施等方面的研究成果。再次,对农民土地承包经营权退出意愿的影响因素相关研究进行整理,从微观维度梳理农地退出意愿相关研究的结论。最后,对相关文献进行述评,为整个研究的开展提供立论的前提和切入点。

一 农地退出的概念界定

农地退出在国内是一个较新的概念。国外农地退出方式主要包括市场化退出方式[1]和政府主导的农民提前退休方式[2]等,由于农村土地产权制度的差异,国外农地退出的制度和流程相对简单,参

---

[1] Lorenzetti, Luigi, "Agricultural Specialization and the Land Market: An Examination of the Dynamics of the Relationship in the Swiss Alps, c. 1860 – 1930", *Continuity and Change*, Vol. 29, No. 2, 2014, pp. 267 – 292.

[2] Fellmann, et al., "Structural Change in Rural Croatia—Is Early Retirement An Option?" *International Advances in Economic Research*, Vol. 15, 2008, pp. 125 – 137.

考借鉴作用存在局限性，在此不再进行详细比较。在国内初期的研究中，农地退出的范畴曾存在一定分歧，随着试点模式的推进和多项政策的明确，目前学界对农地退出这一概念已基本达成共识，从不同视角出发可对其进行分层次的概念界定。

（一）广义与狭义的农地退出

早期的研究通常并不严格区分农地退出的主观性。例如，将农地退出划分为基于国家征地等情况的被动性退出、基于家庭搬迁等情况的制度性退出、基于农民脱离农业生产的准退出三种情况。[①] 在承包权和经营权能够分离的前提下，罗必良等将农村土地承包经营权退出划分为经营权退出、承包权退出、承包经营权退出三种形式，其中农户土地转出（或转包、出租等）可以视为经营权退出，农户土地转让（放弃或退回集体组织等）可以视为承包权退出[②]。在实践中，单纯的经营权退出通常被称为土地流转。

随着国家层面农村土地自愿有偿退出试点工作的开展，试点地区主要进行了"承包权+经营权"的退出探索，学界关于农地退出概念的界定逐渐趋同。现在典型的观点是农户自愿永久放弃合法持有的农村土地承包经营权，这种权利的丧失既不同于承包期内土地转包，也不同于经营权流转，而是作为与农村集体经济组织相对的主体土地权利的丧失。[③] 在试点实践中，"长期退出"和"永久退出"并存，极易将农地退出和土地流转相混淆，具体分歧将在下一节农地退出政策可逆性问题的探讨中详细分析。

---

① 王建友：《完善农户农村土地承包经营权的退出机制》，《农业经济与管理》2011年第3期。

② 罗必良、何应龙、汪沙、尤娜莉：《土地承包经营权：农户退出意愿及其影响因素分析——基于广东省的农户问卷》，《中国农村经济》2012年第6期。

③ 张克俊、李明星：《关于农民土地承包经营权退出的再分析与政策建议》，《农村经济》2018年第10期。

（二）相关权利的捆绑退出

在认可承包权和经营权共同退出的前提下，农民的集体经济组织成员权是否应与承包经营权捆绑退出，以及进城落户农民的"三权"（土地承包经营权、宅基地使用权、集体收益分配权）退出问题也逐渐被合并讨论。

既有研究大多支持承包经营权退出应与宅基地使用权等基于农民固有身份为获取条件的权利相互独立。按照退出程度，承包地退出可划分为三个层次，即退出部分承包地、退出承包经营权和退出成员权，承包经营权的农民应保留宅基地使用权、集体资产收益分配权。① 在实践中，集体成员资格认定标准在法律政策上的缺失，致使进城农民达到何种城镇化融入程度将丧失集体成员资格以及何时丧失集体成员资格等规则不明确，而通过"村民自治"认定成员资格因随意性高、弹性程度高而又缺乏规范性。② 特别是，进城农民或多或少拥有在户籍上"农转非"、在职业上从事非农行业、在经常居住地上为城镇、在集体经济组织的义务承担上缺失等特征，造成集体成员资格认定上的瑕疵，进一步导致"农村户籍—集体成员权—土地承包权—土地经营权"的家庭承包逻辑关系链断裂。③ 可见，因"三权"中各项权利的诸多方面存在差异，而进城落户农民有序适时退出"三权"的路线图必然呈现复杂的时空差序格局。④

结合学界观点和实践案例，狭义的农民土地承包经营权退出应

---

① 高强、宋洪远：《农村土地承包经营权退出机制研究》，《南京农业大学学报》（社会科学版）2017年第4期。
② 刘灵辉：《慎用"不在地主"概念——兼论保护进城农民土地合法权益》，《贵州师范大学学报》（社会科学版）2021年第6期。
③ 刘灵辉：《城镇化背景下农村大学生"非转农"意愿影响因素实证研究》，《人口学刊》2016年第2期。
④ 靳相木、王永梅：《新时代进城落户农民"三权"问题的战略解构及其路线图》，《浙江大学学报》（人文社会科学版）2019年第6期。

当指"基于自愿有偿原则的农民土地承包权和经营权共同退出行为",这也是本书研究的对象。从政策初衷等方面考虑,本书认可实践中的"长期退出"作为过渡性政策,但农地退出机制设计的核心仍应是"永久退出"机制。

二 农地退出政策的基本原则和主要特征

科学认识农地退出的基本原则和主要特征,是探讨退出机制的前提和基础。总体而言,学界主要关注其是否应具备"可逆性""自愿性""有偿性"等特征。

(一) 农地退出政策的自愿有偿原则

学界普遍认可农地退出应遵循自愿有偿原则。在城镇化背景下,农民对土地的依附性逐渐降低,基于农业生产力提高和农民生产关系重新调整的需要,农民的自愿退地需求逐步产生。[1] 2007年《中华人民共和国物权法》施行后,农地退出由"福利性退出"转变为"财产性退出","退出权"可以理解为农民(尤其是进城落户农民)自愿退出承包地并获得补偿的自由选择权[2]。目前,在农民进城落户后集体土地"三权"退出的法律规定方面,尚存在农民进城落户后应否以及何时丧失集体成员资格规则不明、丧失集体成员资格前支持引导退出规则不足、丧失集体成员资格后不自愿退出的对策缺失、大量农民进城落户且丧失集体成员资格后集体土地所有权归属疑惑等问题。[3]

自愿有偿原则是本轮农民土地承包经营权退出改革的核心原则,能够较好地适应不同地区实际情况和不同类型农民的差异性需

---

[1] 余澳:《农村土地承包经营权有偿退出机制的建构》,《农村经济》2018年第9期。
[2] 高强、宋洪远:《农村土地承包经营权退出机制研究》,《南京农业大学学报》(社会科学版)2017年第4期。
[3] 高海:《论农民进城落户后集体土地"三权"退出》,《中国法学》2020年第2期。

求。自愿原则保障了部分不愿脱离农业生产或不愿放弃土地的农民的基本权益，而自愿性与有偿性的并存又确保了补偿标准以相对市场化的方式确定，进一步保障农民的财产性诉求，为进城农民提供了更多的物质支持。在明确有偿原则的基础上，具体的农地退出机制则存在较大差异，体现在退出方式、补偿原则、补偿标准等多个方面。

（二）农地退出政策的可逆性问题

农地退出是否应为永久性退出，即退出行为是否可逆是一项具有争议的命题，且直接决定相关补偿机制设计的出发点。第一种观点是，农民自愿永久放弃承包经营权并获得补偿，不再享有退出土地的任何征地补偿，也不再享有下一轮承包土地的权利。第二种观点是，承包经营权退出与重新获得土地应由集体组织决定。承包经营权退出后的农村集体经济组织成员，在享受农村其他权利上不受影响，今后是否可以重新获得土地权利，其决定权应由集体经济组织掌控，二者间并不存在必然性的联系。[①] 第三种观点是，转户农民应在承包期内保留承包权，但期限与内容应受限制，去除与农民身份构成连带的农村地权无偿原始取得资格，保留因其个人与家庭世代为村集体财富积累做出的历史贡献在未来分配时的延时获得资格，以及因对农民遭受历史性伤害在未来获得公共政策补偿时的延时获得资格。[②]

第一种观点最为契合政策设计的初衷。在城镇化进程中推进土地退出，优化配置农地资源配置、促进农业现代化和保障农民群众利益均是其核心目标。退出机制的主要施策对象是不再从事农业生产的农民，包括举家进城农户、丧失劳动能力且子女进城的老年农民以及长期放弃农业生产的农民等。通过将上述群体的土地有偿收

---

① 张克俊、李明星：《关于农民土地承包经营权退出的再分析与政策建议》，《农村经济》2018年第10期。
② 张力、杨绎：《人口城镇化背景下农民自愿退出农村地权的法律规制》，《江西财经大学学报》2018年第3期。

归村集体经济组织，可以为农业规模化经营提供更加稳定的土地要素供给，从而兼顾各项政策目标的实现。值得注意的是，土地流转同样能够整合大量闲置或低效经营的土地资源，但其土地供给的稳定性存疑，不利于农业长期投资的开展。在推进农业规模化经营方面，土地退出较土地流转具备更大优势。第二种观点更契合农民的现实诉求，但现实可操作性不强。进城农民通过保留农村集体经济组织成员身份，从而长期乃至世代享有土地承包经营权及其衍生收益，也与社会公平理念相悖。从某种程度上讲，农地有偿退出制度的改革正是为了避免此类现象的发生。第三种观点对于理解农地退出政策缘起和开展补偿机制设计均具有借鉴意义，即基于历史的视角考虑转户农民承包经营权的补偿。

三 农地退出机制的相关研究

学术界普遍认可现阶段中国农地退出机制应遵循自愿有偿原则，而有偿原则是自愿原则实现的前提。聚焦到农地退出机制，相关研究主要涉及退出补偿模式和退出补偿标准两个方面。

（一）有偿退出机制的补偿模式分类

如上文所述，土地承包经营权面临诸多法律政策层面缺失，其退出机制设计的空间较大。广义上的退出机制可以分为政策性退出、合作性退出和市场性退出三种形式。在认可有偿退出大原则的基础上，退出机制的核心问题转变为补偿机制的设计。其中的经济补偿模式主要涉及以承包地换现金补偿、以承包地换村集体经济股权、以承包地换社会保障三种[①]。在实践中，中国多地已经开展了农地退出试点，但各有优劣，尚未形成具有普遍推广价值的案例。

---

① 何雄伟、杨志诚：《经济补偿模式、农户家庭特征与土地承包权退出》，《江西社会科学》2021年第8期。

一是"土地换保障"模式。这是较为常见的退出思路，即通过赋予进城农民类似城镇居民的社会保障福利，实现城镇保障对农村土地保障的置换替代。多位学者的研究从不同角度支持了"土地换保障"的合理性。从河南省的实地调查情况来看，农村转移人口无论是持有农地的用途还是退出农地的条件，都是基于保障层面的现实考虑①。此外，已有学者从社会保障现代化的角度提出推行"农民退休"制度，把"保障"从土地剥离、从家庭分离。② 总体来看，由于农地退出政策的对象是脱离农业生产的群体，农村土地的保障性功能必然成为政策设计的首要考量因素，也应作为制度设计的基础性因素。

二是"土地换现金"模式。以土地换现金补偿则包括多种可能的具体形态，如政府征收、村集体赎买、村集体内部交易、村集体外成员购买等。首先，市场化交易方式仍受到相关法律制度的约束，因此仅能够采取村集体内部交易的方式，以重庆梁平县为典型。③ 四川省内江市市中区的空壳村 LM 村进行了"退出换现金"的试点，包括补偿期限为 30 年的永久退出和补偿期限为剩余的二轮承包年限（14年）的长期退出两种模式。④ 土地换现金的方式在部分地区具有一定的实施空间，但推广意义不大。从内江市试点情况来看，其所谓永久退出模式的补偿期限仅有 30 年，这与试点村庄成为空壳村的现实背景密不可分，农民已实质上放弃了土地承包经营权，现金补偿更多是

---

① 郑云、李小建：《农村转移人口的农地退出态度及政策建议——基于河南省的调查数据》，《中州学刊》2014 年第 11 期。
② 郑雄飞：《新时代建立"农民退休"制度的现实基础与战略路径》，《山东社会科学》2020 年第 1 期。
③ 刘同山、孔祥智：《参与意愿、实现机制与新型城镇化进程的农地退出》，《改革》2016 年第 6 期。
④ 董欢：《土地承包经营权退出改革何去何从——来自四川省内江市市中区的经验与启示》，《中州学刊》2020 年第 7 期。

对其放弃农地承包权的法律层面的确认。长期退出模式补偿期限为剩余的第二轮承包年限,农民仍可能在承包期满后申请承包土地并再次流转且获取收益,长期退出模式的农地退出并不彻底。

三是"土地换股权"模式。以土地换村集体经济股权仍存在法理层面的争议。中国现行法律制度并未对土地承包经营权的权利主体进行明确规定,给司法实践和农户内成员尤其是特殊群体的权利归属造成困难。土地承包经营权的权利应明确为农民集体成员个人,户内各成员间形成准按份共有关系。[①] 四川省内江市市中区的QLQ村和DZ村依托农旅休闲项目开展了试点,退地农民获得村集体经济股份合作社的分红权,同时保留退出农地的征地拆迁补偿收益权及新用地主体经营失败后的农地再承包权。[②] 以土地换村集体经济股权模式较易为农民所接受,但由于缺乏相关法律明确规定,农地退出通常也为不完全的或者可逆的。上述内江试点中农民保留了退出农地的征地拆迁补偿收益权及农地再承包权,这可以视为一种高水平、长期性的土地流转方案。

四是"土地换户籍"模式。以土地换取城镇户籍的农地退出方式主要应用于21世纪初城乡户籍制度改革阶段。多位学者对不同地区的改革试点和政策制度创新进行了系统研究,如重庆市2010年启动的与土地制度创新联动的统筹城乡户籍制度改革[③]和陕西省2010年推动的举家进城落户农民退出宅基地、承包地的改革探索[④]等。

[①] 温世扬、梅维佳:《土地承包经营权主体制度的困境与出路》,《江西社会科学》2018年第7期。

[②] 董欢:《土地承包经营权退出改革何去何从——来自四川省内江市市中区的经验与启示》,《中州学刊》2020年第7期。

[③] 王兆林:《户籍制度改革中农户土地退出行为研究》,中国社会科学出版社2014年版,第65—81页。

[④] 高佳:《农业转移人口市民化:土地承包权退出及经济补偿研究》,中国农业出版社2016年版,第52—54页。

(二) 有偿退出机制的补偿标准确定依据

在坚持有偿退出原则的前提下,农地退出政策研究的重点需要转向有偿性原则如何体现、补偿标准的确定应遵循何种原则等具体问题。

关于补偿标准的确立依据,学界有多种观点。第一种观点是以土地征收标准为参考,在户籍改革中推进的退出补偿多采用此类标准。[1] 由于土地征收的公益属性,该标准远低于农民自愿退出的期望补偿[2],将其作为农地自愿退出的标准显然缺乏可操作性。第二种观点是以农地的经济价值确定退出补偿标准。在中国现行制度下,农地经济价值实际包含了现状用途经济价值和发展权价值。[3][4] 对于永久性农地退出方式而言,农民既放弃了农地现状用途经济价值,又放弃了未来农地转换为其他高经济效益用途时的补偿。对上述两类价值进行等价补偿,是市场化等价交换原则的体现。第三种观点则从维护退出农地农民权益的角度出发,倡导为其提供就业、农村社会保障、户籍制度等方面的保障机制[5],或者为退地后自愿转为城镇户口的农民建立可持续发展保障机制[6]等。在上述三种观点中,第一种的计划经济色彩较浓,第二种则完全由市场定价,将二者应用于指导实践均有其局限性;而第三种观点契合现阶段破解城乡二元结构、推动城镇化进程和加快乡村振兴的战略要求,但具

---

[1] 滕亚为:《户籍改革中农村土地退出补偿机制研究——以重庆市为例》,《国家行政学院学报》2011年第4期。
[2] 张克俊、李明星:《关于农民土地承包经营权退出的再分析与政策建议》,《农村经济》2018年第10期。
[3] 朱晓刚:《发展权视角下农地征收补偿研究》,《农业经济问题》2014年第7期。
[4] 农地发展权是将农地现状用途转换为其他高经济效益用途的权利,发展权带来相应的权益,而发展权价值即发展权权益价值。
[5] 钟涨宝、聂建亮:《论农村土地承包经营权退出机制的建立健全》,《经济体制改革》2012年第1期。
[6] 黄花:《农村土地退出路径研究》,《中南大学学报》(社会科学版) 2014年第5期。

体细化的补偿机制仍有待进一步探讨。

四　农民土地承包经营权退出意愿的影响因素

在农地补偿机制设计过程中，充分了解农民的土地承包经营权退出意愿是其重要前提。总体来看，影响中国农民农地退出意愿的因素较多，且互相交织，具体机制十分复杂。关于农民土地承包经营权的退出意愿问题，既有研究从不同角度切入，研究对象涉及不同区域不同群体，得出的结论也有显著不同。

(一) 国外的相关研究

关于农民农地退出意愿的影响因素，国外一些学者进行了研究，形成了以下观点。通常而言，农民的农地退出意愿受多个因素的共同影响。例如，Rizov等利用罗马尼亚1996年农地制度改革调查数据进行了实证研究，发现人力资本、财产禀赋、金融资源可得性、外部经济环境等因素都会对农户的退出意愿产生影响。[1] Breustedt和Glauben对20世纪90年代西欧国家的研究表明，农场特征和政策条件对农地退出具有强烈影响，特别是在农场规模较小的地区，退出率较高，并且与生产结构密切相关。[2] Nigussie等通过对埃塞俄比亚西部300个家庭和1010块田地进行的调查表明，农地退出意愿取决于社会、经济和农业等多种相关因素，其中土地价格对其影响显著。[3] 也有国外学者关注农户特征对农地退出意愿的影响。Fellmann和Möllers对克罗地亚的农民提前退休制度（ERS）的研究发

---

[1] Marian Rizov, et al., "Transition and Enterprise Restructuring: the Development of Individual Farming in Romania", *World Development*, Vol. 29, No. 7, 2001, pp. 1257 – 1274.

[2] Gunnar Breustedt and Thomas Glauben, "Driving Forces Behind Exiting from Farming in Western Europe", *Journal of Agricultural Economics*, Vol. 58, No. 1, 2007, pp. 115 – 127.

[3] Zerihun Nigussie, et al., "Factors Influencing Small-scale Farmers' Adoption of Sustainable Land Management Technologies in North-western Ethiopia", *Land Use Policy*, Vol. 67, 2017, pp. 57 – 64.

现,年龄结构和收入结构对农地退出意愿影响显著,而且相对较高的补偿方案有利于农地退出政策的实施。① Awasthi 对印度的研究发现,农民的年龄、受教育程度、家庭劳动力规模、对农业收入的依赖性、土地生产力和耕地区位均会对耕地价值感知造成影响,土地补偿标准和土地买卖合法化也共同影响土地退出。② Holden 等对埃塞俄比亚南部高地小农户的研究发现,年龄越小且受教育程度越高者,对土地买卖合法化的态度就越积极,土地退耕率和土地耕作情况也会影响土地退出意愿。③

(二) 区位与外部经济条件

农民的农地退出意愿受多个因素影响,区位与外部经济条件仅是其中一项。由学者对多个地区的调查研究结论(见表1-1)可以发现,农地退出意愿与区位和外部经济条件具有关联性,经济发达地区农地退出意愿相对较高。王常伟和顾海英对沪、苏、浙等地农户进行调查发现,仅有1/3左右的农户具有农地退出意愿,对农地依赖性较弱的农户更倾向于退出。④ 方志权等在上海郊区的调研结论是,总体退出意愿较高,但经济因素对退出意愿的实际影响较小。⑤ 通过对冀、鲁、豫三省农户进行调查发现,如果条件合适且补偿方式合理,大部分农民愿意退出承包经营权,其中政府征地和换工资性收入方式(养老保险、退休金等)更易为农民所接受,而

---

① Fellmann et al., "Structural Change in Rural Croatia—Is Early Retirement An Option?", *International Advances in Economic Research*, Vol. 15, 2008, pp. 125 – 137.

② Maya Kant Awasthi, "Socioeconomic Determinants of Farmland Value in India", *Land use Policy*, Vol. 39, 2014, pp. 78 – 83.

③ Stein T. Holden and Sosina Bezu, "Preferences for Land Sales Legalization and Land Values in Ethiopia", *Land Use Policy*, Vol. 52, 2016, pp. 410 – 421.

④ 王常伟、顾海英:《城镇住房、农地依赖与农户承包权退出》,《管理世界》2016年第9期。

⑤ 方志权、张晨、张莉侠、楼建丽:《农村土地承包经营权退出意愿与影响因素——基于上海四区1255份农村调查问卷的分析》,《农村经营管理》2017年第11期。

有意愿直接卖出土地的农民只有约 1/5。①

表 1-1　不同区域农民农地退出意愿的调查研究结论一览　　单位：%

具有退出意愿的农民比例	调查开展时间	地区范围	数据来源
36.9	2012 年左右	广东省湛江市	白积洋②
30	2013 年 7—9 月	陕西省关中地区	高佳等③
53.8	2014 年 9—10 月	辽宁省铁岭市	王丽双等④
34.85	2015 年 12 月	上海市、浙江省、江苏省	王常伟、顾海英⑤
24.3 56.1（有偿退给村集体）	2016 年 10 月	湖北省仙桃市、监利县、竹溪县	胡继亮、刘心仪⑥
37.5	2016 年 11—12 月	江西省景德镇市、九江市	朱朕文⑦
49.56	2017 年	四川省成都市	何盈盈等⑧
62.5	2017 年 1—3 月	上海市郊区 11 个镇	刘同山、方志权⑨

---

① 刘同山、孔祥智：《参与意愿、实现机制与新型城镇化进程的农地退出》，《改革》2016 年第 6 期。

② 白积洋：《农民土地退出的意愿与影响因素分析——基于湛江市 782 个农户样本调查》，《农业部管理干部学院学报》2012 年第 3 期。

③ 高佳、李世平、宋戈：《基于广义多层线性模型的农户土地承包经营权退出意愿》，《中国农业大学学报》2017 年第 4 期。

④ 王丽双、王春平、孙占祥：《农户分化对农地承包经营权退出意愿的影响研究》，《中国土地科学》2015 年第 9 期。

⑤ 王常伟、顾海英：《城镇住房、农地依赖与农户承包权退出》，《管理世界》2016 年第 9 期。

⑥ 胡继亮、刘心仪：《农户土地承包权退出意愿及其影响因素研究——基于湖北省的微观调查数据》，《江汉论坛》2017 年第 4 期。

⑦ 朱朕文：《粮食主产区农村土地承包经营权退出及影响因素研究》，博士学位论文，东华理工大学，2017 年。

⑧ 何盈盈、冉瑞平、尹奇、刘云强、戴小文：《土地承包经营权退出补偿标准研究——基于农户的需求调查》，《中国农业资源与区划》2018 年第 12 期。

⑨ 刘同山、方志权：《城镇化进程中农村承包地退出选择：以上海郊区为例》，《重庆社会科学》2018 年第 10 期。

续表

具有退出意愿的农民比例	调查开展时间	地区范围	数据来源
65.3	2017年3—6月	上海松江、奉贤、金山、崇明4个远郊地区	方志权等[①]
40.7	2018年	全国	邢敏慧、张航[②]
37.9	2019年2—3月	安徽省蚌埠市禹会区、阜阳市颍东区	张勇[③]

（三）农户家庭特征

农户家庭特征对农地退出意愿的影响同样受到关注。在不同经济补偿政策引导下，不同家庭特征的农户选择退出农地承包权的影响因素是不同的。在家庭结构因素方面，与子女分户承包的老夫妻农户普遍愿意一次性全部退出土地承包，且年龄越大，退出承包地换取增加社会保障的意愿越强烈[④]。进城务工人员农地退出意愿明显强于宅基地退出意愿，且受到个体资源和家庭资源的共同影响，农村社会保障对进城务工人员的农地承包经营权退出意愿影响显著。[⑤] 基于长三角地区微观调查数据，有研究发现农户收入水平越高农地退出意愿越低，并且农户收入水平会强化农户土地保障认知，进而降低其农地退出意愿。[⑥] 因为非农业户口价值的降低，农

[①] 方志权、张晨、张莉侠、楼建丽：《农村土地承包经营权退出意愿与影响因素——基于上海四区1255份农村调查问卷的分析》，《农村经营管理》2017年第11期。
[②] 邢敏慧、张航：《家庭生命周期对农户土地承包权退出意愿的影响研究》，《干旱区资源与环境》2020年第2期。
[③] 张勇：《农户退出土地承包经营权的意愿、补偿诉求及政策建议》，《中州学刊》2020年第6期。
[④] 方志权、张晨、张莉侠、楼建丽：《农村土地承包经营权退出意愿与影响因素——基于上海四区1255份农村调查问卷的分析》，《农村经营管理》2017年第11期。
[⑤] 杨婷、靳小怡：《资源禀赋、社会保障对农民工土地处置意愿的影响——基于理性选择视角的分析》，《中国农村观察》2015年第4期。
[⑥] 张广财、张世虎、顾海英：《农户收入、土地保障与农地退出——基于长三角地区微观调查数据的实证分析》，《经济学家》2020年第9期。

民进城买房家庭进城落户的愿望并不强烈，土地退出意愿不强。①针对农村生源大学生农地退出意愿的研究具有特殊的现实意义。农村生源大学生的土地退出意愿既受到性别、专业、进城工作的意愿等微观个人特征影响，也受到家庭收入来源、家庭住所距离远近、家庭承包地灌溉情况等中观家庭基本情况的影响，还受到家乡农地流转情况和农业生产的交通条件等宏观区位社会经济情况的影响。②

（四）保障性和财产性诉求

部分学者开始探讨农地退出机制对农户财产性诉求的响应。以往的农地制度安排主要基于土地对农民的福利保障功能，而随着农业劳动力的转移和土地保障功能替代机制的形成，农民对于土地财产权利的诉求也开始表现。③拥有城镇住房却对农户农地承包权的退出意愿存在抑制作用。④对上海郊区农民的调查发现，当家庭收入达到一定程度后，农民对退出补偿将不再敏感，反而不愿退出承包地。⑤另一项对上海郊区农村的研究发现，制度化社会保障体系和稳定性非农就业使农地功能呈现"去保障化"趋势，虚高的地租使农地收益效应得到强化。⑥对长三角地区的调查发现，即使大量农户从事非农就业，农地保障仍会显著抑制农地退出意愿。⑦对成

---

① 张成玉：《农村进城买房家庭户口和土地退出问题研究》，《贵州财经大学学报》2021年第2期。

② 丁玲、钟涨宝：《农村生源大学生土地承包经营权退出意愿及影响因素研究——来自武汉部属高校的实证》，《农业现代化研究》2015年第6期。

③ 罗必良：《农地保障和退出条件下的制度变革：福利功能让渡财产功能》，《改革》2013年第1期。

④ 王常伟、顾海英：《城镇住房、农地依赖与农户承包权退出》，《管理世界》2016年第9期。

⑤ 刘同山、方志权：《城镇化进程中农村承包地退出选择：以上海郊区为例》，《重庆社会科学》2018年第10期。

⑥ 马流辉：《农地福利化：实践机制、后果呈现及其优化路径——以沪郊埭村为个案的初步分析》，《南京农业大学学报》（社会科学版）2013年第6期。

⑦ 张广财、林俊瑛、顾海英：《农户承包地退出：土地保障还重要吗？》，《农村经济》2021年第11期。

都市的调查则发现,农户的保障需求、情感需求、发展需求要高出成都市现行补偿标准,应适度提高现行补偿标准或进行相应制度安排。① 在以山区为主的部分欠发达地区,农民的保障需求甚至会抑制土地流转意愿。②

五 文献述评

作为一项重要的农村土地制度改革探索,农民农地退出的必要性已基本成为学界共识。在农民农地退出的范畴界定方面,理论与实务界基本认可农民土地承包权和经营权同时退出,而且通常是指与城镇化和农村转移人口市民化进程相协调的、长期或永久不可逆的退出过程。在农地退出政策的相关研究中,农地退出的自愿有偿原则已成为共识,但具体有偿原则如何体现,仍处于理念探讨阶段,尚需要进一步细化。农地承包经营权与集体经济组织成员权、宅基地使用权、集体收益分配权的共同退出问题已被学界所关注,也有可能成为理论研究的焦点。

在农地退出机制的相关研究中,既有研究主要关注补偿模式和补偿标准确定依据两个方面。多位学者结合实践试点分别研究了以土地换现金、换社会保障、换股权、换户籍等补偿模式,研究视角侧重对单个模式和试点案例的剖析与评价。在具体农地退出的政策设计中,还需要进一步考虑外部条件差异和农户分化等问题。中国国情的复杂性决定了农地退出方式的多元化和复杂化,既有研究大多关注单个退出方式的利弊,通常对制度设计中面临的地区差异和农户异质性等问题探讨不足。在此背景下,新时期农地退出内部引

---

① 何盈盈、冉瑞平、尹奇、刘云强、戴小文:《土地承包经营权退出补偿标准研究——基于农户的需求调查》,《中国农业资源与区划》2018年第12期。

② 康丕菊、张航、彭志远:《欠发达地区农户分化是否促进了农地转出——基于云南农户的调查》,《云南财经大学学报》2021年第11期。

导机制的构建尤为重要①。这需要系统总结不同区域、不同特征、不同类型农民诉求,深入探讨政策设计的导向及可行性。在补偿标准确定依据方面,参考土地征收标准、依据农地经济价值和体现农地功能价值是三种典型观点,三种观点的适用性仍需要结合实际开展探讨。

在农地退出意愿的研究方面,既有研究大多关注其具体影响因素,从外部区位、家庭结构、农户分化等不同视角揭示了农民对于退出土地承包经营权的意愿和补偿方式偏好,但针对农民财产性、投资性诉求的研究较少。农村土地兼具保障性和财产性功能,如果将农民的诉求分为保障性诉求和财产性诉求,则可以发现地区经济越发达、农民与城镇化生产生活方式连接越紧密、农民的财富水平和非农收入越高,对基于土地承包经营权的财产性诉求就越强。财产性诉求是相对较新的研究领域,也是城镇化和农业现代化大背景下不能回避的现实问题。遗憾的是,既有关于农民财产性诉求的研究大多聚焦法理层面的探讨和微观主体意愿的反馈。如果要在更大范围内推行农地退出政策,首先需要解决不同区域、不同类型主体的保障性诉求和财产性诉求的差异性问题。因此,对于农民财产性诉求的理论分析和政策探讨,已成为影响农地自愿有偿退出机制设计和政策推广的关键性问题。

落实到具体补偿机制,已有研究对农民在补偿标准和补偿方式方面的诉求分析较少。尤其是农户上述诉求和农地实际价值之间是否匹配等问题有待深入研究,这一问题的科学解答是确保农地退出机制兼顾公平和效率的核心前提。针对退出机制中的补偿机制的研究大多聚焦于基本原则、核心路径等定量问题展开分析,基于微观数据的量化分析仍然较少。学界尚未形成公认的"占优退出"方

---

① 刘吉双、张旭:《新时期土地承包经营权退出内部引导机制研究》,《东北师大学报》(哲学社会科学版)2021年第3期。

式，政府直接征收和土地换保障方式中如何合理确定补偿标准，以及村集体内市场化交易能否实现土地资源的合理定价等问题仍存在较大争议，因此有必要通过农地价值的科学评价帮助解决上述问题。

围绕上述需要解答的问题，本书拟从农地价值的决定因素、农地价值对于农民农地退出意愿的影响、既有农地退出补偿模式和标准的比较、农地退出机制遵循的基本原则和实现路径等问题出发，系统研究中国农地退出机制，以期获得有价值的结论。

第四节　研究思路与内容安排

一　基本研究思路

实物期权价值既是一种资产定价方法，更是一种开拓性的思维方式。本书以实物期权价值为切入视角，以农地价值在有偿退出机制中的地位和作用为主线，研究的基本思路可以归纳为五个步骤，即"实物期权视角下的农地价值界定—农民农地退出意愿—农地退出补偿方式—农地退出路径选择—具体退出机制设计"。以实物期权定价理论和实物期权思维分别探讨农地的经济价值和功能价值，然后结合实证研究考察农地价值与农民土地退出意愿和退出路径偏好的关系，进而结合案例分析和比较研究，探讨农地退出机制设计的基本原则，最终提出有针对性的建议。

二　主要内容安排

本书共分为七章。具体内容安排主要包括导论、理论分析、退出意愿和退出补偿偏好的实证检验、模式案例、政策研究、结论与建议。

第一章为导论。本部分对于研究背景、研究目标与研究意义、研究现状、研究思路与内容安排、研究特色与创新之处进行简要介绍。

第二章为理论分析。本部分首先对农地价值进行界定，将其区分为经济价值和功能价值，分别讨论了农地经济价值、功能价值的构成及其定价难题，提出了实物期权视角的理论和现实适用性。在此基础上，借鉴 Dixit 等（1994）的实物期权定价模型框架和夏刚等（2008）的部分假设条件，建立农民土地承包经营权的实物期权定价模型，从理论层面探讨农地经济价值决定的影响因素。将实物期权思维方式引入对农地功能价值的分析，深入探讨农地功能价值对农民农地退出意愿的影响机制。借鉴 Dixit 等[1]的期权定价中的最优停时模型框架和殷林森等[2]的部分推导，分析农民面临不同退出方式时的最优退出时机。

第三章和第四章为实证检验。本部分探讨了农地价值对农民进城意愿的影响，特别是就进城就业意愿和进城居住意愿分别开展实证检验。然后以农民不同层次、不同类型的农地价值补偿诉求为切入点，分别从经济价值和功能价值两个角度验证农地价值对农地退出意愿的影响。在此基础上，探讨了农地价值、农民进城意愿与退出补偿方式偏好之间的关联性。

第五章为主要模式归纳。本部分系统整理了自 2005 年城乡户籍改革试点以来的国内各类典型土地承包经营权退出案例，比较相关案例的制度设计特别是补偿机制设计，分析其外部条件、核心政策框架、具体实施效果、经验与启示，合理评估不同类型农地退出机制的适用区域以及适用群体。

第六章为农地退出补偿方式的政策探讨。本部分开展了有偿退出机制中补偿原则的政策探讨，系统论证了以功能替代原则作为农

---

[1] Avinash K. Dixit, Robert S. Pindyck, *Investment under Uncertainty*, Princeton University Press, 1994.
[2] 殷林森等：《基于最优停时理论的创业投资退出决策模型研究》，《南开管理评论》2008 年第 4 期。

地退出机制顶层设计核心原则的合理性。

第七章为主要结论和农地退出机制设计的政策建议。归纳出主要研究结论,并提出推进农地退出机制建设的政策建议,为区域乃至国家层面开展农地退出机制创新提供参考。本书的整体框架思路如图1-1所示。

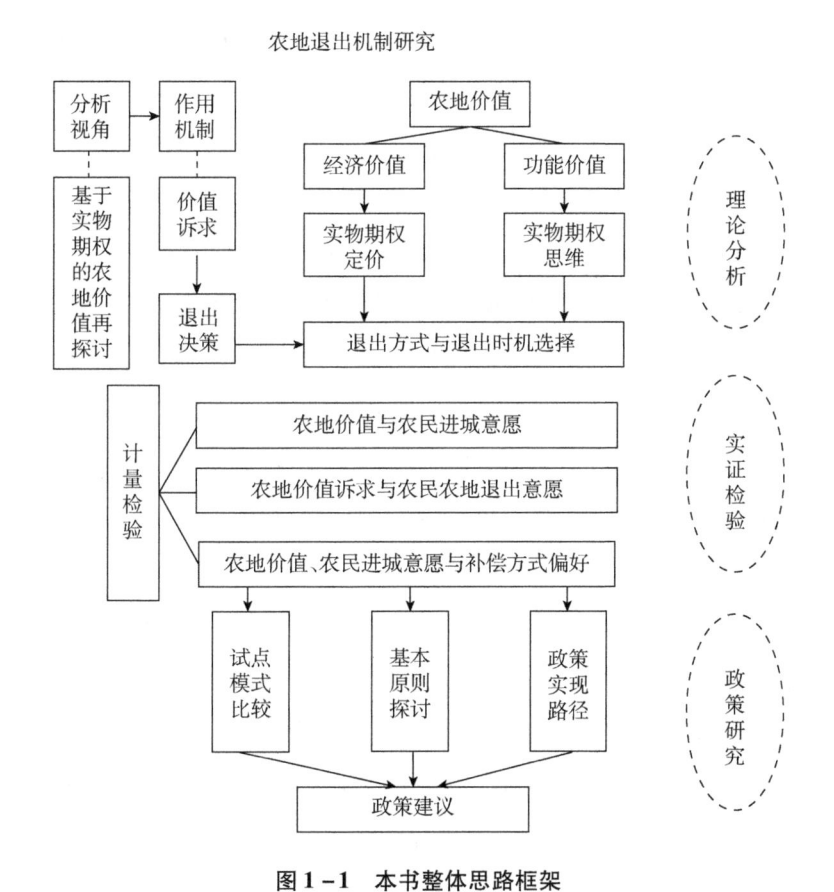

图1-1 本书整体思路框架

第五节 研究特色与创新之处

与相关研究相比,本书的主要特色和可能的创新之处表现在以下三个方面。

一是基于问题导向的结构完整性。本书在总结学界既有研究成果的基础上，围绕农地退出机制这一主线，系统研究了农地价值的构成以及农民对于农地价值的诉求、农地价值与农民农地退出意愿的关系、农地价值与农民农地退出补偿方式偏好的关系、农地价值在实践案例中的体现、农民农地退出机制设计的基本原则和实现路径等问题。各研究问题具有较强的关联性，共同支撑了最终研究结论的得出，增强了政策建议的针对性。

二是理论与实践结合的紧密性。农民土地承包经营权有偿退出是本轮农村土地制度改革的重点问题，退出补偿机制如何设计更是当前亟待解决的理论命题和现实问题。无论是实物期权定价方法应用于农地经济价值的界定，还是将实物期权作为一种较新的思维方式用于农地功能价值的分析，都需要将相关理论与中国特殊农地制度和特定农业发展阶段相结合，方能得出适应实践需求的研究结论。本书基于实物期权视角认识农地经济价值和功能价值，提出农地价值影响农民农地退出意愿，研究视角和学术观点具有一定的创新价值。

三是政策研究与国情结合的紧密性。作为一项典型的政策研究，需要以解决"三农"问题为导向，以服务决策为目标。本书全面梳理了土地承包经营权退出的相关国内典型案例并进行分类比较，提出立足区域发展水平、人地关系特点、土地流转市场基础等因素开展退出方式选择和补偿机制设计，以及关于以功能替代原则取代等价交换原则作为退出补偿机制的核心原则等观点，有助于解答如何构建中国农地退出机制的若干问题，具有一定的政策参考价值。

第二章 理论分析：实物期权定价视角下的农地价值与最优退出时机选择

本章将从三个层次开展理论分析。第一个层次是基于实物期权视角对农地价值进行初步讨论；第二个层次是引入实物期权定价模型，探讨农地经济价值决定的影响因素；第三个层次是探讨退出方式对农户退出决策的影响，利用期权定价中的最优停时问题分析农户退出的最优时机，通过将不同退出方式简化为不同退出回报函数，推导出农户农地退出时机的临界值。

第一节 分析视角：基于实物期权的农地价值探讨

构建科学的农地退出机制，首先要解决好土地承包经营权的定价问题，这是匹配各利益方诉求和保障农民农地退出积极性的核心问题。关于农地退出补偿标准的确定，仍存在参照土地征收标准、匹配农地经济价值和提供进城落户可持续发展保障等多种观点。完善土地承包经营权定价机制，合理界定农地价值，有望为解决上述争议提供可行的思路。本节主要包括以下内容：第一，介绍实物期权定价理论，探讨其应用于农地定价领域的适用性。第二，在比较农地征收补偿和农地退出补偿领域农地价值分配的基础上，初步界定农地退出机制中的农地价值。第三，立足中国特殊农地制度，分析农地的经济价值构成，提出其定价难题及成因。第四，结合改革开放以来农地制度演变的研究，提出农地的功能构成及其对农地定价的参考意义。

一　实物期权视角的理论和现实适用性

实物期权是金融期权在实物领域的扩展。金融期权是一种合约，它赋予其持有者在一定时期内可以按事先约定的价格购买或出售特定数量的金融产品的权利，为了取得期权赋予的权利，期权持有者必须支付一笔期权费。① 实物期权则是项目投资者在投资过程中所拥有的一系列非金融性选择包括推迟、提前扩大、缩减投资获取新的信息等。② 实物期权定价模型可用于对存在未来收益不确定性、投资不可逆性且可延迟等条件的实物资产或权利的定价。

实物期权不仅仅是一种与金融期权类似的处理投资灵活性的技术方法，其更像是一种"思维方法"。将实物期权作为一种思维方式方法应用于研究农地价值，特别是从农民的角度出发，研究其持有土地承包经营权的期权价值，是一个较新的视角，具有较强的现实适用性。如前文所述，无论是按照经济价值还是功能价值进行定价，进城落户农民持有的农地价值均包括确定性下的收益现值（未来土地流转租金的现值）和不确定性下的实物期权价值（土地征收补偿和未来国家出台的优惠政策等）。与农地征收补偿领域的研究不

---

① 陈金龙：《实物期权定价理论与方法研究》，博士学位论文，天津大学，2003年。
② 安瑛晖、张维：《期权博弈理论的方法模型分析与发展》，《管理科学学报》2001年第1期。

同,农地退出遵循自愿有偿原则,因此需要在农民诉求和地方政府财力能力之间进行统筹平衡,提出地方政府、村集体和进城落户农民均能够接受的补偿方案,否则补偿机制的科学设计将成为空谈。

既有相关研究认为,中国农地价值中的实物期权价值不容忽视。夏刚等通过数值分析提出,期权价值占农地价值比例的范围在23.7%—76.9%,当考虑不确定性下的期权价值时,农地价值是确定性下的1.33—4.33倍。① 赵旭利用宏观数据测算的结果是,考虑期权价值在内的农地征收补偿标准是现行农地征收补偿标准的7.29倍,国家、村集体经济组织和失地农民获得的补偿额占农地征收总补偿额的比例分别为35%、3%和62%。② 因此,利用实物期权定价方法研究农地价值,有助于更好地理解农民复杂化的农地退出意愿,更好地开展农地退出政策设计。

综上所述,实物期权是本书的主要研究视角,农地的实物期权定价是研究的出发点。实物期权的应用经历了三个层次,第一层次是作为一种思维方式;第二层次是作为一种经济解释理论,用以解释个人或企业的经济行为,并预测这些行为的未来变化;第三层次是作为一种决策工具。③ 本节主要将实物期权作为一种思维方式,从经济价值、功能价值两个方面切入,探讨中国特殊制度约束下农地价值的构成,有助于更加理性地认识农地对于农民的实际价值。本章第二节将引入实物期权定价模型作为基础的分析框架,并推导得出若干结论,从而为后续实证研究、政策研究和案例研究提供理论支撑,进而为补偿机制的设计提供支持。

---

① 夏刚、任宏、陈磊:《基于实物期权定价的农地征收补偿模型研究》,《中国土地科学》2008年第6期。
② 赵旭:《农地征收补偿标准研究——基于可持续发展及模糊实物期权双重视角》,《西华大学学报》(哲学社会科学版)2012年第5期。
③ 陈金龙:《实物期权定价理论与方法研究》,博士学位论文,天津大学,2003年。

二 农地价值界定：经济价值与功能价值

研究农地退出机制，首先需要对农地价值进行合理界定，以作为相关政策研究和机制设计的出发点和前提。广义的农地价值包括经济价值（现状用途经济价值和发展权价值）、社会价值（主要表现为粮食安全保障价值）、生态价值、文化价值等。农地经济价值是现状用途经济价值和发展权价值的总和。其中，农地现状用途经济价值是农地维持现状用途所带来的未来直接经济收益的价值，农地发展权价值是将农地现状用途转换为其他高经济效益用途所带来的相应权益的价值。

（一）农地征收补偿领域的农地价值分配

在农地征收补偿的相关研究中，农地价值是一项重要命题。农地征收具有其政策性特征，其补偿价值的分配逻辑与农地自愿有偿退出有着显著差异。尽管如此，农地征收补偿因其标准明确和权威性强等优点，被很多试点地区作为农地自愿退出补偿标准的重要参考。

在农地征收补偿中，生态价值和粮食安全保障价值补偿给国家；现状用途经济价值在集体和失地农民之间分配；而发展权价值在国家、集体和失地农民之间分配，具体分配情况因农业内部安置和脱农安置两种不同的假设前提而异。[①] 可见，在农地征收补偿领域，由于其政策性退出的属性，农民实际获得的补偿低于全部农地价值，仅包括部分现状用途经济价值和部分发展权价值。在以货币形式给予农民的农地征收补偿款中对此有所体现，通常包括了土地补偿费和安置补助费，前者是对农地现状用途经济价值的分配，后

---

① 朱晓刚：《发展权视角下农地征收补偿研究》，《农业经济问题》2014 年第 7 期。

者是对农地发展权价值的体现。

(二) 农地退出补偿领域的农地价值分配

与农地征收补偿不同的是，农民自愿有偿退出农地是将土地承包经营权交还村集体经济组织，由村集体和地方政府筹措资金对农民进行补偿，更多体现了农地市场化定价的过程。

从广义的农地价值分配来看，农地退出机制中的农地价值补偿应包括经济价值、社会价值、文化价值等多个层面的价值。由于永久退出农地后的农民大部分选择进入城市生活，农地所承载的就业保障、文化寄托等功能价值均需要予以合理补偿，这必然导致农户所获得的价值补偿高于其退出农地的经济价值。

从狭义的农地价值分配来看，农户所获得的价值补偿应对应于所退出农地的经济价值。其中，就农地现状用途经济价值分配而言，无论是农民自行经营还是进行土地流转，村集体均无法享有现状用途经济价值，因此在农地退出机制中应对农民放弃这项价值进行等价补偿。就农地发展权价值的分配而言，进城落户农民通常无须国家和集体进行农业内部安置。如果村集体承诺在未来农地现状用途转换时给予农民补偿，则农地退出补偿不需要包括农地发展权价值；反之，永久退出农地的农民应获得放弃农地发展权价值相对应的补偿。

可见，农地价值的构成相对复杂，其价值确定尚未形成清晰明确的指导原则、理论逻辑和操作方法。在实践中，补偿标准的确定更多通过村集体和农民在等价交换原则指导下进行市场协商，难以充分保障离地进城农民利益，也难以充分调动农民农地退出的积极性。

三 农地经济价值的定价难题

(一) 农地经济价值定价的现实困境

在不考虑政策干预的假设下，以纯粹市场化的方式对农民退出的土地承包经营权进行定价,基本等同于测算农地经济价值。从理论上讲,农地现状用途经济价值是未来多年农地现状用途经济价值的折现,农地发展权价值同样可以通过一定折现率测算。在实际操作中,农地现状用途经济价值的确定存在较大难度,仍面临诸多现实困难。

一方面,参照土地流转租金对农地现状用途经济价值进行定价的精确性难以保证。土地流转作为转让土地经营权的市场化行为,流转租金可以被视作该块土地未来一年的经营权市场价格。随着粮食价格、农业生产经营技术、农地供求等因素的变化,未来每年的土地流转租金均存在变化的可能性,难以进行精准测算。同时,农村土地市场发展相对滞后的情况较为普遍,聘请专业机构对土地市场价格进行评估费用较高,其评估结果也很难获得农民和村集体的一致认可,通过协商确定补偿标准成为常见的解决方案。

当农地长期退出而非永久退出时,其补偿仅限于农地退出期内的农地现状用途经济价值。以 2014 年四川省内江市龙门镇龙门村的试点方案为例,以当地 500 元/亩·年的土地流转价格,采取"村民自治,自主协商"的办法,由农民和村集体协商最终确定了补偿标准,如果农民选择长期退出方式,退出第二轮承包期剩余 14 年的土地承包经营权,获得补偿为 850 元/亩·年,一次性获得 11900 元/亩。① 粗略测算,如果以 500 元为基数,土地流转租金逐年递增 7%,则未来 14 年租金总和约为 12000 元/亩。可见这一协商结果充分考虑了未来土地流转租金上涨的可能性。2015 年,该村长期退出 52 户共 55 亩(1 亩≈666.67 平方米),永久退出仅 1 户 5.38

---

① 四川省内江市委改革办、内江市中区区委改革办:《四川内江土地退出"三换"模式》,《农村工作通讯》2016 年第 22 期。

亩，流转土地为 700 余亩，体现出农民对长期退出协商补偿标准的更高接受度。

另一方面，参照农地征地补偿标准对农地经济价值进行定价，难以调动农民自愿退出农地的积极性。即使是政策推动下的农地征收，其补偿标准过低问题也被多项研究所提及①。

在农地永久退出时，补偿标准需要同时包括农地现状用途经济价值和发展权价值。在四川省内江市龙门镇龙门村的试点方案中，同时包括了永久退出的补偿标准，如果符合条件的农民②永久退出农地，按照每亩农地补偿 1000 元，补偿期限为 30 年，每亩农地总补偿 30000 元。同时期内江市征收耕地补偿标准为，每亩耕地的土地补偿费按照统一年产值的 10 倍计算；村集体经济组织人均耕地 1 亩及以上的，安置补助费标准按照每亩耕地统一年产值的 6 倍计算③，人均耕地不足 1 亩的，安置补助费标准为每个安置人口按照统一年产值的 6 倍计算④。同时期内江市市中区征收耕地统一年产值标准为 2030 元/亩。⑤ 该村人均耕地不足 1 亩，如果退出农户仅有 1 人，则征地补偿为统一年产值 16 倍/亩，即 32480 元/亩；人口数为 2、3 人的征地补偿标准分别为 44660 元/亩和 56840 元/亩。对比这一标准，龙门村的农地永久退出补偿方案事实上低于征地补偿方

---

① 薛军、闻勇：《我国农地征收补偿标准研究——基于政府行为的视角》，《云南财经大学学报》2015 年第 2 期。
② 该改革方案以农民自愿申请、权属明晰、家庭成员意见一致，有稳定就业、有固定住房、不依赖土地为生作为永久退出的基本条件，因此并非所有农民都符合永久退出条件。
③ 2004 年修订的《中华人民共和国土地管理法》第四十七条第二款："征收耕地的土地补偿费，为该耕地被征收前三年平均年产值的六至十倍。"本处"统一年产值"系当地政府核算的该耕地被征收前三年平均年产值。
④ 四川省人民政府：《关于同意内江市征地青苗和地上附着物补偿标准的批复》，川府函［2012］122 号，2012 年 6 月 11 日。
⑤ 四川省国土资源厅：《关于组织实施征地统一年产值标准的通知》，2009 年 11 月 26 日。

案,这也可能是造成该村永久退出农户仅1户的原因之一。

(二)基于实物期权视角的解释

进城落户农户持有土地承包经营权相当于持有一份资产组合。该资产组合的一部分是农地现状用途经济价值,体现了土地作为生产资料投入农业生产所应分配的价值,也可以反映为农民将土地流转后获得的土地流转租金。另一部分是因土地征收而可能获得的农地发展权价值,相当于一份实物期权价值。

由于农地退出的自愿性原则,农民面临两种选择。一种是接受退出补偿并永久退出农地,放弃农地现状用途经济价值和农地发展权价值所对应的实物期权价值;另一种是继续持有土地承包经营权自行经营或长期退出,获得农地现状用途经济价值,保留农地发展权价值所对应的实物期权价值。由于未来农地征收时间和土地流转租金变化的不确定性,在相对长的时期内国家征地补偿标准甚至会改变,农民很难精确测算上述价值,但是已形成模糊的对于期权价值的财产性诉求。在此情况下,距离城市越近的地区、征收补偿越高的地区,持有农地的实物期权价值越高,期望的永久退出补偿标准越高。此外,农民持有土地承包经营权还会保留享有未来新出台惠农政策的机会,该项机会同样构成实物期权价值的一部分。中国一直强调保障农民利益,不断出台面向拥有耕地承包权的种地农民的支持政策。例如,在财政部、农业农村部发布的《2021年重点强农惠农政策》中,明确规定耕地地力保护补贴的补贴对象原则上为拥有耕地承包权的种地农民,2021年中央财政对实际种粮农民发放一次性补贴等。[①] 惠农政策的持续出台,不断增强农民对未来优惠政策的预期,客观上提高了持有土地承包经

---

① 农业农村部:《财政部 农业农村部发布2021年重点强农惠农政策》,http://www.moa.gov.cn/gk/cwgk_1/nybt/202107/t20210702_6370888.htm,2021年7月2日。

营权的预期收益。

四 农地的功能价值构成及其补偿难题

在中国城乡二元结构下，户籍制度与土地制度是最重要的制度安排。① 从制度演变角度来看，农地退出是中国农村土地制度不断适应人地关系变动的产物。对农民而言，农地的作用和价值远不止经济价值，而是承载了多项功能。

（一）农地功能的阶段性特征

改革开放以来，中国的土地承包权退出政策大致可以划分为三个阶段：第一阶段严格限制进城落户农民土地承包权产权归属（1978—2006年），第二阶段强调依法保护进城落户农民的土地承包权（2007—2013年），第三阶段审慎开启长久不变条件下的土地承包权退出改革试点阶段（2014年至今）。② 研究作为农地制度组成部分的农地退出政策，需要结合中国户籍制度改革阶段演变，对农地功能的转变进行分阶段分析。

1. 严格限制阶段：从就业保障功能到失业保险功能

从1958年户籍制度确立到20世纪80年代末，城镇户籍的保障功能和就业功能远大于农村户籍。农民享受"农转非"（农业人口转为非农业人口）政策必须将农地永久退还给村集体，获得包括分配工作在内的城市居民社会待遇，同时免除农业税和统筹提留的义务。这一时期农民"农转非"的积极性极高，国家对其进行计划管理和总量控制。例如，1988年实际"农转非"人口为425万人，1989年和1990年全国"农转非"人口分别计划控制

---

① 钟荣桂、吕萍：《中国城乡住房市场融合：土地制度改革与户籍制度改革》，《经济问题探索》2017年第6期。
② 曹丹丘、周蒙：《土地承包权退出：政策演进、内涵辨析及关键问题》，《农业经济问题》2021年第3期。

在350万人和230万人[①]。计划经济时代的农地主要承担农民就业功能，进城落户农民获得城镇户籍及其附带的城镇就业保障功能必须同步放弃农地所对应的农业就业功能。

到20世纪90年代以后，政府给予土地承包权退出的农户一次性经济补偿，不再安排永久性就业[②]，城镇户籍的就业保障功能大幅削弱。2003年3月1日起实施的《中华人民共和国农村土地承包法》对于农民的承包经营权退出采取分类管理的方式：承包方全家迁入设区的市并转为非农业户口的，应当将承包地交回；承包方全家迁入小城镇落户的，可以保留土地承包经营权或依法进行流转。2006年，国家取消农业税，保留农村户籍以持有土地承包经营权的成本再次降低。至此，农民保留土地承包经营权的预期收益已显著高于持有成本，外出务工或进入小城镇落户农民宁可抛荒也不会主动将承包经营权交还集体组织。这一时期随着城镇户籍就业功能的丧失，农地开始更多承担外出务工或落户小城镇农民的失业保险功能。

2. 依法保护阶段：保障功能逐步弱化与财产功能开始显化

随着土地承包经营权不再成为获取城市户籍的前提，土地流转在不改变农民与村集体间土地承包关系的前提下，可以优化农村土地资源配置、促进农业规模经营，因此具备广阔的实施空间。土地流转的转出方不局限于丧失劳动能力的老年农民、进城农户和外出务工农民。居住在村农民将零碎土地流转给规模经营主体以获取租金，同时受雇于规模经营主体并获取工资的情况也较为普遍。从广义上讲，土地流转可以被视为一种具备市场化定价、短期性和可逆

---

① 国务院：《关于严格控制"农转非"过快增长的通知》，国发〔1989〕76号，1989年10月31日。
② 余晓洋等：《农村土地承包权退出的缘起及实践模式比较》，《新疆社会科学》2020年第3期。

性等特征的农地退出方式,并且是一种过渡方式。在土地流转过程中,农地实质上承担了"离农""离地"农民的部分社会保障功能,并通过规模化经营为居住在村农民提供了更高收入。农地保障功能弱化和财产功能显化的趋势日益明显。

作为农村户籍制度改革的重要配套措施,四川省成都市、重庆市、陕西省等地开始了初步的土地承包经营权和宅基地使用权退出试点。农村土地承包经营权和宅基地换城市户籍,即"土地换城镇社保"逻辑下的补偿方案较好地满足了农民的福利性、保障性诉求,但经济发达地区和近郊农民的财产性诉求通常难以得到兼顾。

2013年,党的十八届三中全会提出加快户籍制度改革,全面放开建制镇和小城市落户限制,有序放开中等城市落户限制。在此背景下,针对有稳定非农就业收入、长期在城镇居住生活的农户开展政策设计,引导其自愿退出土地承包经营权(特别是长期乃至永久退出土地承包经营权)能够进一步提升农地配置效率,与户籍相脱钩、长期或永久性农地退出政策的推出顺理成章。

3. 审慎试点阶段:农地承载的功能更加复杂化多元化

在这一阶段,农地功能呈现出就业功能持续弱化、保障性功能更加多元、财政性诉求加速显现等阶段性特征。农村就业人口的结构加速变化。在第二阶段初期的2006年年末,全国农业生产经营户中以农业收入为主的占58.4%,较1996年减少7.2个百分点;农业从业人员中51岁及以上的占32.5%。[①] 2016年年末,全国农业生产经营人员中55岁及以上的占33.6%[②];规模农业经营户398万

---

① 国务院第二次全国农业普查领导小组办公室、国家统计局:《第二次全国农业普查主要数据公报(第二号)》,2008年2月22日。
② 国务院第三次全国农业普查领导小组办公室、国家统计局:《第三次全国农业普查主要数据公报(第五号)》,2017年12月16日。

户，占农业生产经营户的1.9%。①农业经营收入在农民收入中的比重持续降低。2021年，全国农村居民人均可支配经营净收入6566元，仅占农村居民人均可支配收入的34.7%②。以2014年"土地承包经营权退出试点"纳入国家试点为标志性事件，农地退出的自愿有偿原则逐步确立。在自愿有偿原则的指导下，进城落户农民可享有城镇户籍所附带的各项福利，同时在承包期内保留土地承包经营权，并通过土地流转获取现金收益，对应更加复杂多元的农地功能。

（二）现阶段农地功能价值的补偿难题

中国农地承载了农民就业、失业保险、社会保障和可持续发展保障等多项功能，而上述功能均与土地承包经营权深度捆绑。进城落户农民永久退出农地，则等于一次性放弃与农地相捆绑的多项权益，必然产生相对应的补偿诉求，但对于农地功能的补偿存在多项难题。

一是村集体和地方政府在补偿资金筹措方面存在普遍困难。目前，农地自愿退出的主要资金来源有村集体经济组织自筹、地方政府支付或垫付、租赁土地的规模经营主体预付租金等，来源相对单一。农地征收行为可以通过改变土地现状用途经济价值，实现农用地向建筑用地、工业用地、基础设施建设用地转换，增加土地价值，从而为被征地农民提供相对较高的补偿标准。而农民自愿退出后的农地用途主要仍为农业领域，土地现状用途经济价值增长有限，一次性向农民支付补偿的资金压力较大。

二是农民对于补偿标准诉求较高。一般而言，农民的补偿诉求通常高于征地补偿标准。例如，高佳等运用条件价值评估法（CVM）

---

① 国务院第三次全国农业普查领导小组办公室、国家统计局：《第三次全国农业普查主要数据公报（第二号）》，2017年12月15日。
② 根据国家统计局国家统计数据库数据计算得出。

测算了陕西关中经济区农户对土地承包权退出经济补偿的受偿期望价格,测算结果为104438.54元/亩,显著高于该地区土地征收补偿标准。① 从实物期权的视角来看,农民存在对农地功能价值的补偿诉求客观存在,持有土地承包经营权相当于保留了未来获得相应补偿的实物期权价值。何盈盈等采用层次分析法对成都市120户农户退出土地承包经营权的受偿需求进行了分析归类和权重确定,基于农户需求构建的补偿标准约为5.3万元/人,高于成都市现行补偿标准,高出部分为对农户保障需求、情感需求、发展需求的补偿。② 在上海市松江区老年农民农地退出的试点中,通过财政补贴使自愿退出的老年农民每月收入达到上海城镇居民保险相同的水平,从2015年下半年到2017年5月,共有32775名老年农民自愿完全退出了36222.95亩承包地。③

三是地区间补偿标准差距不断加大。农地退出的承接对象较为单一,补偿标准的设置受到资金来源渠道和农民诉求的共同影响,加上地区间农地供求情况差异明显,导致在不同地区、不同情况下的差异较大。例如,在土地流转市场不够发达、闲置农地供给远大于需求的区域,农民意愿获得的补偿较低,农地退出能够以较低的补偿标准达成。在以大城市郊区为代表的农地需求旺盛、地方政府筹措资金能力较强的区域,村集体意愿支付的补偿标准较高,农地退出则以偏高的补偿标准达成。而且从支持转移人口市民化的角度来看,农民进城并不意味着就近城镇化,偏远地区农民异地城镇化

---

① 高佳、宋戈、李世平:《农户土地承包权退出经济补偿受偿期望及影响因素》,《干旱区资源与环境》2017年第6期。
② 何盈盈、冉瑞平、尹奇、刘云强、戴小文:《土地承包经营权退出补偿标准研究——基于农户的需求调查》,《中国农业资源与区划》2018年第12期。
③ 方志权、张晨、张莉侠、楼建丽:《农村土地承包经营权退出意愿与影响因素——基于上海四区1255份农村调查问卷的分析》,《农村经营管理》2017年第11期。

的农地功能价值诉求更加难以被满足。

（三）基于实物期权视角的解释

从实物期权的视角来看，由于未来农地退出政策的不确定性，农民持有土地承包经营权相当于持有一份期权，该期权规定持有者有权在未来获得与土地承包经营权捆绑的各项优惠政策。农民基于村集体组织成员身份而获得该份期权，无须额外付出成本，其持有成本也相对较低。而一旦国家或地区层面相关政策出现调整，持有土地承包经营权者有可能获得较高补偿收益。在低成本和高收益的预期下，农民保留土地承包经营权是一项理性行为。对于偏远地区的进城农民而言，农地退出的补偿标准较低，持有农地土地承包经营权的预期收益较高，农地退出积极性必然受到遏制。与永久退出方式相比，长期退出方式使农民保留了未来获得更高补偿标准的权利和机会，在此类地区具有更高的可推广性。与其相对照的是，经济发达地区的农地退出补偿标准较高，农民对于未来获得更高补偿标准的预期不足，更容易接受永久退出方式，上海市郊区的成功经验可作为佐证。

第二节　农地经济价值的实物期权定价模型

McDonald 和 Siegel 最先提出不可逆投资条件下的连续时间模型[1]，总结形成了实物期权方法的基本模型[2]。该方法被较多应用于房地产市场土地定价等领域，国内学者也将其用于农地征收补偿定价领域。本节将介绍基础的实物期权定价模型及推导过程，并结

---

[1] Robert McDonald, Daniel Siegel, "The Value of Waiting to Invest", *The Quarterly Journal of Economics*, Vol. 101, No. 4, 1986, pp. 707 – 727.

[2] Avinash K. Dixit, Robert S. Pindyck, *Investment under Uncertainty*, Princeton University Press, 1994, pp. 135 – 173.

合中国农地退出的案例进行讨论。本节采用 Dixit 和 Pindyck 关于实物期权定价的模型框架，部分假设参考了夏刚等[①]的农地征收补偿实物期权定价模型。

一 模型假设

假设农户有随时承包土地的权利，即实物期权视作永续美式看涨期权；承包权无期限；承包农地面积为外生变量，设为 1；农户承包土地时须一次性向集体支付 I 元，此项决定不可逆，相当于沉没成本；土地产生收益的现值为 V，其变化满足几何布朗运动。

农地收益的现值为 V，并按照如下的几何布朗运动变化：

$$dV = \alpha V dt + \sigma V dz \qquad (2-1)$$

式中：dz 为维纳过程的增量。农地收益的现值 V 是已知的，但未来价值 V_t 满足对数正态分布，其方差随时间线性增长。在这一假设条件下，农地收益的未来价值是不确定的。农户既可以在当期进行投资付出成本 I，同时获得项目价值 V；也可以保留投资机会（相当于持有实物期权），以便在未来时刻 T 进行投资，此刻的项目价值为 V_T。

以 $F(V)$ 表示投资机会的价值即实物期权价值，在任意时刻 t 进行投资的回报可以表示为 $V_t - I$。为求解 $F(V)$，可通过最大化投资回报的预期现值。

$$F(V) = \max E[(V_T - I) e^{-\rho T}] \qquad (2-2)$$

式中：E 为预期；T 为进行投资的未来时刻；ρ 为贴现率。令 $\delta = \rho - \alpha$，假定 $\delta > 0$，以避免式（2-1）中的积分无穷大，从而避免

---

① 夏刚、任宏、陈磊：《基于实物期权定价的农地征收补偿模型研究》，《中国土地科学》2008 年第 6 期。

无限期持有期权成为最优解。

二 确定性条件下的期权价值

假定未来农地产生的收益是确定性的 [式 (2-1) 中的 $\sigma=0$],在未来时刻投资而非现在投资也可能是有利可图的。令当前投资的项目价值 $V(0)=V_0$,则任意时刻 t 的项目价值 $V_t=V_0 e^{-\rho t}$。给定农地收益的当前价值 V,未来时刻 T 进行投资的机会价值为:

$$F(V) = (Ve^{-\alpha T} - I) e^{-\rho T} \quad (2-3)$$

需要注意的是,农地收益的成长性 α 与贴现率 ρ 的关系直接影响农户投资决策。

如果 $\alpha<0$,则农地收益价值 V_t 随时间不断下降;如果 $V>I$,立刻投资是最优选择,否则将永不投资,因此,此时 $F(V)=\max[V-I, 0]$。如果 $\alpha=0$,项目价值 V_t 为常数,同样面临上述最优选择。

如果 $0<\alpha<\rho$,农地收益未来价值 V_t 有可能超过 I。通过求式 (2-3) 中 $F(V)$ 是关于时刻 T 的极值,可以得出:

$$\frac{dF(V)}{dT} = -(\rho-\alpha)Ve^{-(\rho-\alpha)T} + \rho I e^{-\rho T} = 0$$

$$T^* = \max\left\{\frac{1}{\alpha}\log\left[\frac{\rho I}{(\rho-\alpha)V}\right], 0\right\} \quad (2-4)$$

在满足 $0<\alpha<\rho$ 的条件下,T^* 的值取决于农地收益的现值 V 和投资 I 的关系。当现在投资是最优选择时 ($T^*=0$),可得 $V^* = \frac{\rho}{\rho-\alpha}I > I$;当等待是更好的选择时 ($T^*>0$),$V^* < \frac{\rho}{\rho-\alpha}I$;当 $V^* < V$ 即未来价值会高于当期价值时,$V^* > \frac{\rho}{\rho-\alpha}I$。

将式 (2-4) 代入式 (2-3),可以得到确定性下的农地期权价值 $F(V)$:

$$F(V) = \begin{cases} \left(\dfrac{\alpha I}{\rho-\alpha}\right)\left[\dfrac{(\rho-\alpha)V}{\rho I}\right]^{\frac{\rho}{\alpha}}, & V \leq V^* \\ V - I, & V > V^* \end{cases} \quad (2-5)$$

三 不确定性条件下的期权价值

假定未来项目价值是不确定的[式(2-1)中的 $\sigma > 0$],则需要利用动态规划来求解。$F(V)$ 在投资实施前没有现金流,持有的唯一回报是资本增值。在连续时间段的贝尔曼方程为:

$$F(V_T) = \max E_T[F(V_{t+dt})e^{-\rho dt}] \quad (2-6)$$

式(2-6)展开得 $\rho F dt = E(dF)$,再利用伊藤引理展开 dF,用"′"和"″"分别代表一阶和二阶导数,可以转换为 $dF = F'(V)dV + \dfrac{1}{2}F''(V)(dV)^2$。将式(2-1)代入,$dz$ 为维纳过程的增量,有 $E(dz) = 0$,得出:

$$E(dF) = \alpha V F'(V) dt + \dfrac{1}{2}\sigma^2 V^2 F''(V) dt \quad (2-7)$$

将式(2-7)与贝尔曼方程联合解得:

$$\alpha V F'(V) + \dfrac{1}{2}\sigma^2 V^2 F''(V) - \rho F = 0 \quad (2-8)$$

由于已假定 $\delta = (\rho - \alpha) > 0$,代入得出关于 $F(V)$ 的微分方程:

$$(\rho - \delta) V F'(V) + \dfrac{1}{2}\sigma^2 V^2 F''(V) - \rho F = 0 \quad (2-9)$$

此外,$F(V)$ 同时需要满足以下边界条件:

$$F(0) = 0 \quad (2-10)$$

$$F(V^*) = V^* - I \quad (2-11)$$

$$F'(V^*) = 1 \quad (2-12)$$

式(2-10)表示当项目价值 V 为 0 时,期权价值 $F(V)$ 同样应等于 0;式(2-11)被称为"价值匹配条件",意为在最优投资

时刻投资可以获得 $V^* - I$ 的回报；式（2-12）被称为"平滑粘贴条件"，用以保证边界 V^* 成为解的一部分。

由式（2-10）可知，微分方程的解必须为 $F(V) = AV^\beta$ 的形式，其中 A 为常数，$\beta > 1$，取决于微分方程的参数 ρ、δ、σ。将 $F(V) = AV^\beta$ 代入式（2-11）和式（2-12），得出：

$$A = \frac{(\beta-1)^{\beta-1}}{(\beta)^\beta I^{\beta-1}}, \quad V^* = \frac{\beta}{\beta-1} I \qquad (2-13)$$

$$F(V) = \begin{cases} \left(\dfrac{I}{\beta-1}\right)^{1-\beta} \left(\dfrac{V}{\beta}\right)^\beta, & V \leq V^* \\ V - I, & V > V^* \end{cases} \qquad (2-14)$$

四 农地经济价值的算例及分析

参考期权定价理论，农地的总经济价值 S = 确定性下的收益现值（PV）+ 期权价值 $F(V)$。参照夏刚等[①]的模型假设，在未来收益现值完全确定的情况下，令农户持有 1 单位农地的收益为每年经营净收益 R_t，假设第一年收益为 R_0，不考虑每年收益的增长，无风险利率为 r，则其未来收益的确定性现值 PV 为：

$$PV = \sum_{t=1}^{\infty} \frac{R_0}{(1+r)^t} = \frac{R_0}{r} \qquad (2-15)$$

结合式（2-14）中不确定性条件下的期权价值，农地总价值 S 为：

$$S = PV + F(V) = \frac{R_0}{r} + \left(\frac{I}{\beta-1}\right)^{1-\beta} \left(\frac{V}{\beta}\right)^\beta \qquad (2-16)$$

假设农地要素市场与产品市场完全竞争，则有农户利润为 0，投资 I 等于确定性条件下的收益现值 PV。式（2-16）可以改写为：

---

① 夏刚、任宏、陈磊：《基于实物期权定价的农地征收补偿模型研究》，《中国土地科学》2008 年第 6 期。

$$S = \frac{R_0}{r} + \left(\frac{R_0}{r(\beta-1)}\right)^{1-\beta} \left(\frac{V}{\beta}\right)^{\beta} \qquad (2-17)$$

当 $V^* = \frac{\beta}{\beta-1}I$ 时，农地价值达到最大值，记为 S_{max}：

$$S_{max} = \frac{R_0 \beta}{r(\beta-1)} \qquad (2-18)$$

求解二阶齐次微分方程式（2-9）可得：

$$\beta = \frac{1}{2} - \frac{\rho-\delta}{\sigma^2} + \sqrt{\left(\frac{\rho-\delta}{\sigma^2} - \frac{1}{2}\right)^2 + 2\frac{\rho}{\sigma^2}} \qquad (2-19)$$

利用求导方式计算不确定性 σ、折现率 r 和农地收益的预期增长率 α 对农地价值最大值 S_{max} 的影响，可以得出 S_{max} 与预期增长率 α 正相关、与折现率 r 负相关、与不确定性 σ^2 关系尚不明确等结论。如果考虑农地经营净收入的持续增长，农地未来收益的现值可能会更大，但农地价值最大值与上述变量的关系不会改变。

不确定性 σ、折现率 r 和农地收益的预期增长率 α 均会对农地经济价值产生影响，给定不同的（σ，α，r）组合，可以得到不同的农地总价值及其中的期权价值，多种情况下的实物期权价值在农地价值中的占比如表 2-1 所示。结合中国实际来看，在国家各项支农惠农政策和稳定粮食价格政策的保障下，利用农地从事粮食作物种植的收益相对稳定，农地经营收益的不确定性 σ 较低。对于折现率 r 的判断可以有两种思路，一是参考存款利率，二是参考银行贷款或民间借贷利率。在农村生产经营实际中，部分规模经营主体如种粮大户、家庭农场可以得到相对优惠的贷款，民间借贷资金则要略高。农地收益的预期增长率 α 可以参考种植业利润或增加值的增长率。2001—2020 年，中国第一产业增加值的年平均增长速度为 3.9%[①]，

[①] 《中国统计年鉴 2021》，中国统计出版社 2021 年版。

同期全国农业产值由 14462.8 亿元增长到 71748.2 亿元，年平均增长速度为 8.8%[①]。如果折现率参照银行贷款基准年利率 6%，预期农地收益增长较低，不确定性较低，对应表 2-1 中（σ，α，r）=（0.05，0.01，0.06），则期权价值在农地价值中的占比为 23.46%，处于较低水平。在同等利率条件下，预期农地收益增长较高，对应表 2-1 中（σ，α，r）=（0.05，0.05，0.06），则期权价值在农地价值中的占比为 83.74%，处于较高水平。

表 2-1　　　　　　　农地价值及实物期权价值测算

σ	α	r	期权价值	农地价值	期权价值占比（%）
0.05	0.01	0.06	0.31	1.31	23.46
0.05	0.03	0.06	1.08	2.08	51.93
0.05	0.05	0.06	5.15	6.15	83.74
0.05	0.01	0.10	0.20	1.20	16.38
0.05	0.03	0.10	0.48	1.48	32.59
0.05	0.05	0.10	1.05	2.05	51.19
0.10	0.01	0.06	0.50	1.50	33.33
0.10	0.03	0.06	1.30	2.30	56.43
0.10	0.05	0.06	5.59	6.59	84.82
0.10	0.01	0.10	0.33	1.33	25.00
0.10	0.03	0.10	0.62	1.62	38.12
0.10	0.05	0.10	1.18	2.18	54.22
0.20	0.01	0.06	1.00	2.00	50.00
0.20	0.03	0.06	2.00	3.00	66.67
0.20	0.05	0.06	7.27	8.27	87.92
0.20	0.01	0.10	0.67	1.67	40.00
0.20	0.03	0.10	1.00	2.00	50.00

① 《中国统计年鉴2021》，中国统计出版社2021年版。

续表

σ	α	r	期权价值	农地价值	期权价值占比（%）
0.20	0.05	0.10	1.64	2.64	62.17
0.30	0.01	0.06	1.65	2.65	62.22
0.30	0.03	0.06	3.00	4.00	75.00
0.30	0.05	0.06	9.95	10.95	90.87
0.30	0.01	0.10	1.08	2.08	51.83
0.30	0.03	0.10	1.50	2.50	60.00
0.30	0.05	0.10	2.29	3.29	69.63

五 基于现实案例的数值测算

上文模型分析主要是对农地现状用途经济价值的测算。对于中国农民而言，农地经济价值包括农地现状用途经济价值和发展权价值两部分，因此农地总价值应比仅将其视作一种经营性资产时更高。在考虑贴现率和农地收益的预期增长率的情况下，再次分析四川省内江市龙门镇龙门村试点案例的数据。

首先，使用确定性下的收益现值对案例数据进行测算。试点实施当年的土地流转平均租金为500元/亩，在农民与村集体协商一致的方案中，农民一次性退出14年承包经营权的补偿总现值为11900元/亩，永久退出承包经营权的补偿是30000元/亩。试点时期（2014年）中国活期存款、一年期定期存款、三年期定期存款、五年期定期存款基准利率分别为0.35%、3.00%、4.25%、4.75%，五年期的贷款基准利率为6.55%。四川省内江市龙门镇龙门村案例补偿方案测算如表2-2所示，表2-2中，第1列的折现率分别对应上述四种利率和10%的民间借贷利率，第2列是根据14年租金补偿现值11900元计算得出对应的租金年增长率，第3—第5列分别为按照上述折现率和租金年增长率计算得出的 20 年、24 年、30 年租金现值。可见，24 年租金的现值即有 30388 元，30 年租金的现值达到了 48988 元。

表 2-2　　四川省内江市龙门镇龙门村案例补偿方案测算

长期退出方案：14 年		补偿标准测算		
折现率（%）	租金年增长率（%）	20 年租金现值（元）	24 年租金现值（元）	30 年租金现值（元）
0.35	7.21	21509	30388	48988
3.00	10.04			
4.25	11.37			
4.75	11.91			
6.55	13.83			
10.00	17.51			

从数值测算来看，该案例 14 年合计 11900 元/亩的长期性退出补偿标准较高，已相当于土地流转租金每年增长 11.91% 并按照 4.75% 的利率水平折现后的现值，或者租金每年增长 13.83% 并按照 6.55% 的利率水平折现。农民自行进行土地流转很难获得如此高的收益，因此参与积极性较高。永久退出的补偿标准则偏低，仅相当于 24 年租金的现值，永久退出农户对于发展权价值的诉求未得到充足体现。实践中的农民自发行为也符合这一判断，2015 年该试点村仅 1 户自愿永久退出。作为参照的是，2020 年四川省内江市调整了补偿标准，龙门村的农用地区片综合地价（征地拆迁补偿标准）达到了 51200 元/亩。[1]

---

[1] 四川省内江市人民政府：《内江市人民政府关于公布内江市征收农用地区片综合地价的通知》（内府函〔2020〕114 号），2020 年 10 月 19 日。

然后，利用式（2-17）测算考虑实物期权价值后的农地价值。令本案例中的农地收益年均增长率取2001—2020年全国第一产业增加值年均增长率3.9%，折现率取五年期定期存款基准利率4.75%，则 $(\sigma, \alpha, r) = (0.05, 0.039, 0.0475)$。利用上文模型，可以计算得出实物期权价值占农地价值比重为82.66%，期权价值约为现值的4.77倍。按照折现率4.75%，年收益500元计算，可以得出每亩土地确定性下的收益现值（PV）为10526元，实物期权价值为50170元，农地总价值为60696元。即永久退出的合理农地补偿价值应为60696元/亩，按照这一标准实物期权价值才能够得到合理体现。值得注意的是，选择长期退出方式的农民保留了在本轮承包到期后继续承包的权利，并实质上保留了土地征收等不确定事件发生时的补偿诉求，其农地价值补偿不宜以实物期权定价方式确定。

第三节 最优停时与农户退出决策模型

一 基本模型

期权定价中的最优停时问题对于认识农户退出时机选择有很强的参考价值。本节采用Dixit和Pindyck[①]关于最优停时的模型框架，部分假设和推导过程参考殷林森等[②]的创业投资项目退出决策模型。

（一）模型假设

假设进城落户农民有权随时退出农地并获得补偿。在任何阶段农民均只有两个选择：一是永久退出农地并取得终止回报（由村

---

① Avinash K. Dixit, Robert S. Pindyck, *Investment under Uncertainty*, Princeton University Press, 1994, pp. 135-147.
② 殷林森、李湛、李珏：《基于最优停时理论的创业投资退出决策模型研究》，《南开管理评论》2008年第4期。

集体提供的补偿收入,该回报可能为正或零,极端情况下为负);二是继续持有农地并获得现金流(可能为正或零,极端情况下为负)。农地在阶段 t 产生随机的现金流 x_t,x_t 服从伊藤过程:

$$dx = \alpha(x, t)dt + \sigma(x, t)dz \quad (2-20)$$

其中,dz 为维纳过程的增量;α 为漂移参数,反映农地的价值增长情况;σ 为方差参数,反映投资过程中面临的不确定性;α 和 σ 均为常数,且 $\alpha>0$,$\sigma>0$。令 ρ(贴现率)$>\alpha$,以避免式(2-20)中的积分无穷大。x_t 满足一阶随机占优。项目价值 $V(x_t)$ 为各阶段现金流(x_t)的现值之和 $\int_t^\infty x_\tau e^{-\rho(\tau-t)} d\tau$,则:

$$V(x_t) = E_t\left(\int_t^\infty x_\tau e^{-\rho(\tau-t)} d\tau\right) = \frac{x_t}{\rho - a} \quad (2-21)$$

(二)退出时机的一般模型

在任意阶段 t,农户面临一个二元选择:退出并获得终止回报 $\Omega(x_t)$,或者继续持有农地到下一个阶段。在 $t+1$ 阶段,农户又会面临相同的二元选择。在阶段 t,农户获得当期现金流和未来现金流的连续价值之和为 $x_t + \frac{E_t[F_{t+1}(X_{t+1})]}{1+\rho}$。设每个阶段时间长度为 Δt,可以得出最优停时的贝尔曼方程为:

$$F(x_t) = \max_{x_t}\left\{\Omega(x_t), x_t + \frac{E_t[F(x_{t+1}+dx, t+dt)|x]}{1+\rho dt}\right\}$$
$$(2-22)$$

利用伊藤引理将式(2-22)展开并化简,得到偏微分方程:

$$\frac{1}{2}\sigma^2 x_t^2 F_{xx}(x_t) + \alpha x_t F_x(x_t) - \rho F(x, t) + x_t = 0$$
$$(2-23)$$

其价值匹配条件为 $F(x^*(t), t) = \Omega(x^*(t), t)$ 对所有 t 成立;其平滑粘贴条件为 $F(x, t)$ 和 $\Omega(x, t)$ 作为 x 的函数在

边界 $x^*(t)$ 相切，对于所有 t 均成立，即 $F_x(x^*(t), t) = \Omega_x(x^*(t), t)$。

根据殷林森等[①]的分析，式（2-23）的通解形式为：

$$F(x_t) = A_1 x_t^{\beta_1} + A_2 x_t^{\beta_2} + \frac{x_t}{\rho - a} \quad (2-24)$$

β_1、β_2 分别为其特征方程的根，$\beta_1 = \dfrac{-\left(\alpha - \dfrac{1}{2}\sigma^2\right) + \sqrt{\left(\alpha - \dfrac{1}{2}\sigma^2\right)^2 + 2\rho\sigma^2}}{\sigma^2} > 0$，$\beta_2 = \dfrac{-\left(\alpha - \dfrac{1}{2}\sigma^2\right) - \sqrt{\left(\alpha - \dfrac{1}{2}\sigma^2\right)^2 + 2\rho\sigma^2}}{\sigma^2} < 0$。由于当 x_t 趋近于 0 时，$F(x_t)$ 变得几乎没有价值，因此式（2-24）中的 A_2 应为 0，从而：

$$F(x_t) = A_1 x_t^{\beta_1} + \frac{x_t}{\rho - \alpha} \quad (2-25)$$

式（2-25）同样满足价值匹配条件和平滑粘贴条件，有 $F(x^*(t), t) = \Omega(x^*(t), t)$ 和 $F_x(x^*(t), t) = \Omega_x(x^*(t), t)$，将其代入式（2-25）得出整个决策过程中的价值函数的一般表达形式：

$$F(x_t) = \begin{cases} A x_t^{\beta_1} + \dfrac{x_t}{\rho - a}, & x_t < x_t^* \\ \Omega(x_t), & x_t \geq x_t^* \end{cases} \quad (2-26)$$

式中：x_t^* 为农户农地退出的临界值；A 为待定系数。

对于式（2-26），根据殷林森等[②]的研究结论，在阶段 t，当

[①] 殷林森、李湛、李珏：《基于最优停时理论的创业投资退出决策模型研究》，《南开管理评论》2008 年第 4 期。

[②] 殷林森、李湛、李珏：《基于最优停时理论的创业投资退出决策模型研究》，《南开管理评论》2008 年第 4 期。

$x_t \geq x_t^*$，农户应选择立即退出；当 $x_t < x_t^*$，应继续维持一段时间 T 再退出，T 由式（2-27）决定：

$$x_t e^{\alpha T} = x_t^* \qquad (2-27)$$

二 不同退出方式下的退出时机选择

退出方式决定了农户退出回报 $\Omega(x_t)$ 的形式，现实中主要有"土地换现金""土地换保障""土地换股权"等形式。不同农户对农地未来收益的预期和偏好不同，即对未来现金流的风险态度偏好不同，令上述三种退出方式的贴现率分别为 ρ_C、ρ_I、ρ_S，通常有 $\rho_C < \rho_I < \rho_S$。

（一）"土地换现金"方式

假设"土地换现金"方式的退出回报为 $\Omega_C(x_t) = H$，H 为常数，代表补偿金额。将其代入价值函数可以得出退出时机的临界值 x_C^*，$x_C^* = \dfrac{\beta(\rho - \alpha)}{\beta - 1} H$。此时价值函数中的参数 A 为 $A_C = -\dfrac{x^{1-\beta}}{\beta(\rho - \alpha)}$。

为更直观地分析农户的农地退出决策，设定相关参数，进行模拟计算。令漂移参数 $\alpha = 0.039$，方差参数 $\sigma = 0.2$，贴现率为 $\rho_C = 0.05$，一次性补偿金额 $H = 30000$ 元。计算得出价值函数：

$$F_C(x_t) = \begin{cases} -19.95 x_t^{1.18} + 90.9 x_t, & x_t < 2205.6 \\ 30000 \text{ 元}, & x_t \geq 2205.6 \end{cases} \qquad (2-28)$$

"土地换现金"方式中价值函数及对应的退出时机临界值如图 2-1 所示，其中 $f(x) = -19.95 x_t^{1.18} + 90.9 x_t$。此时 $x_C^* = 2205.6$，当 $x_t = 1800$ 时，可以利用式（2-27）计算得出 $T = 5.2$，即再等待 5.2 年为退出的最佳时期；当 $x_t = 2000$ 时，$T = 2.5$。

"土地换现金"方式中不同贴现率对应的退出时机临界值如图 2-2 所示。在退出补偿标准 H 不变的前提下，当贴现率为 0.05

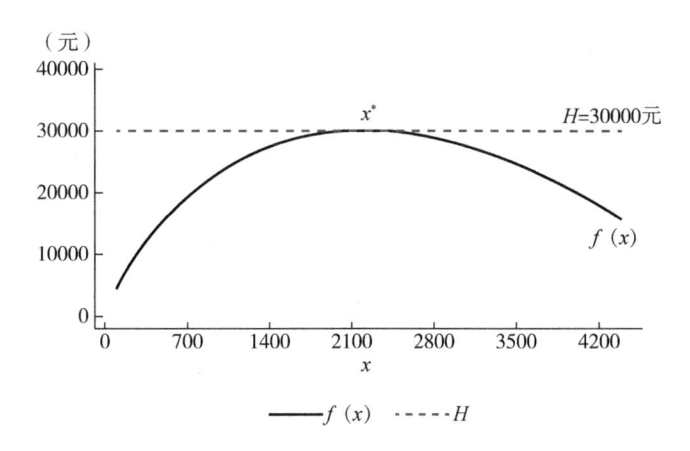

图 2-1　"土地换现金"方式中价值函数及对应的退出时机临界值

时，对应的 $Ax_t^{\beta_1} + \dfrac{x_t}{\rho - a}$ 为 $f(x)$ Ⅰ；当贴现率为 0.08 时，对应 $f(x)$ Ⅱ。可以看出，贴现率越高，退出时机的临界值 x_C^* 越高，农户意愿等待的时间越长。

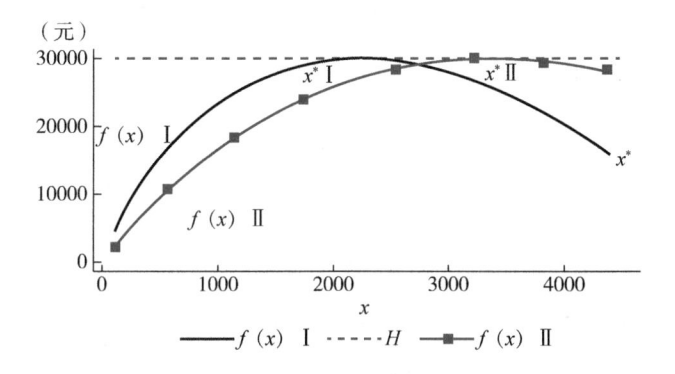

图 2-2　"土地换现金"方式中不同贴现率对应的退出时机临界值

"土地换现金"方式中不同补偿标准对应的退出时机临界值如图 2-3 所示。由于终止回报上升，价值函数的待定系数 A 相应提高，反而会使退出时机的临界值 x_C^* 提高。

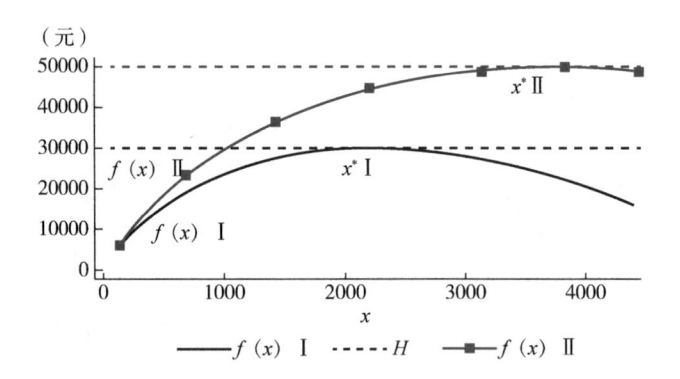

图2-3 "土地换现金"方式中不同补偿标准对应的退出时机临界值

(二)"土地换保障"方式

"土地换保障"方式的退出回报相当于一种特殊的现金流形式。由于社会保障收入相对稳定又会随经济增长而增长,可以将其简化视为一种复合的现金流形式 $\Omega_I(x_t)$。$\Omega_I(x_t) = H_I + \varepsilon \dfrac{x_t}{\rho_I - \alpha}$,其中 H_I 和 ε 均为常数。将其代入价值函数可以得出退出时机的临界值 x_I^*,$x_I^* = \dfrac{H_I \beta (\rho - \alpha)}{(\beta - 1)(1 - \varepsilon)}$。此时价值函数中的参数 A 为 $A_I = -\dfrac{(\varepsilon - 1) x^{1-\beta}}{\beta(\rho - \alpha)} = \dfrac{H_I}{(1-\beta)(x_I^*)^\beta}$。

令漂移参数 $\alpha = 0.039$,方差参数 $\sigma = 0.2$,此退出方式的贴现率 $\rho_I = 0.08$,参数 $H_I = 15000$,$\varepsilon = 0.3$,计算得出价值函数:

$$F_I(x_t) = \begin{cases} -0.12 x_t^{1.58} + 24.39 x_t, & x_t < 2232.3 \\ 15000 + 7.32 x_t, & x_t \geq 2232.3 \end{cases} \quad (2-29)$$

"土地换保障"方式中价值函数及对应的退出时机临界值如图2-4所示,其中 $f(x) = -0.12 x_t^{1.58} + 24.39 x_t$,$\Omega(x) = 15000 + 7.32 x_t$。此时 $x_I^* = 2391.7$,当 $x_t = 1800$ 时,可以利用式(2-27)

计算得出 $T=7.3$，即再等待 7.3 年为退出的最佳时期；当 $x_t=2000$ 时，$T=4.6$。

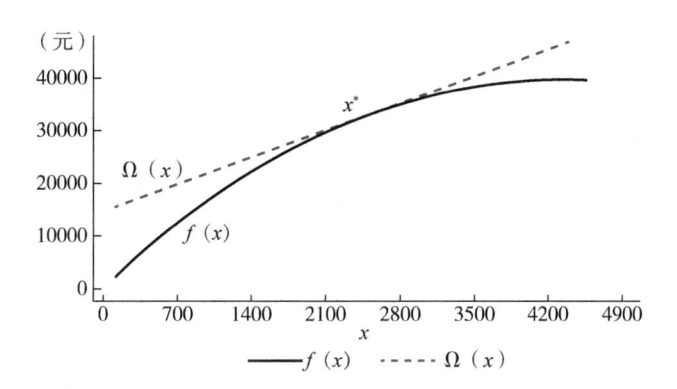

图 2-4　"土地换保障"方式中价值函数及对应的退出时机临界值

"土地换保障"方式中不同贴现率对应的退出时机临界值如图 2-5 所示。当贴现率为 0.08 时，对应的 $Ax_t^{\beta_1}+\dfrac{x_t}{\rho-a}$ 为 $f(x)$ Ⅰ，退出回报为 $\Omega(x)$ Ⅰ；当贴现率为 0.06 时，对应 $f(x)$ Ⅱ 和 $\Omega(x)$ Ⅱ。可以看出，在土地换保障方式中贴现率越高，退出时机临界值越大。

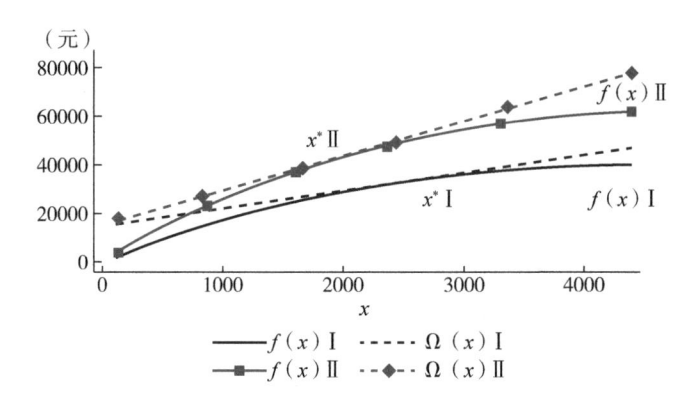

图 2-5　"土地换保障"方式中不同贴现率对应的退出时机临界值

(三)"土地换股权"方式

假设土地换集体经济组织股权的退出回报为 $\Omega_S(x_t) = \theta \dfrac{x_t}{\rho_s - \alpha} - C_S$,此处假设集体经济组织的全部收入均来自农地收益,且与农户自行经营收益相比提高至 θ 倍,C_S 为集体经济组织留存收益。将其代入价值函数可以得出退出时机临界值 x_S^*,应为 $x_S^* = \dfrac{C_S \beta (\rho - \alpha)}{(\beta - 1)(\theta - 1)}$。此时价值函数中的参数 A 为 $A_S = \dfrac{(\theta - 1)(x_S^*)^{1-\beta}}{\beta(\rho - \alpha)}$。

令漂移参数 $\alpha = 0.039$,方差参数 $\sigma = 0.2$,此退出方式的贴现率 $\rho_S = 0.15$,参数 $\theta = 1.1$,$C_S = 1000$,计算得出价值函数:

$$F_S(x_t) = \begin{cases} 0.002 x_t^{2.3} + 9 x_t, & x_t < 1960.9 \\ 0.9 x_t - 1000, & x_t \geq 1960.9 \end{cases} \quad (2-30)$$

"土地换股份"方式中价值函数及对应的退出时机临界值如图 2-6 所示,此时 $x_S^* = 1960.9$,当 $x_t = 1800$ 时,可以利用式(2-27)计算得出 $T = 2.2$,即再等待 2.2 年为退出的最佳时期;当 $x_t = 2000$ 时,应立即退出。

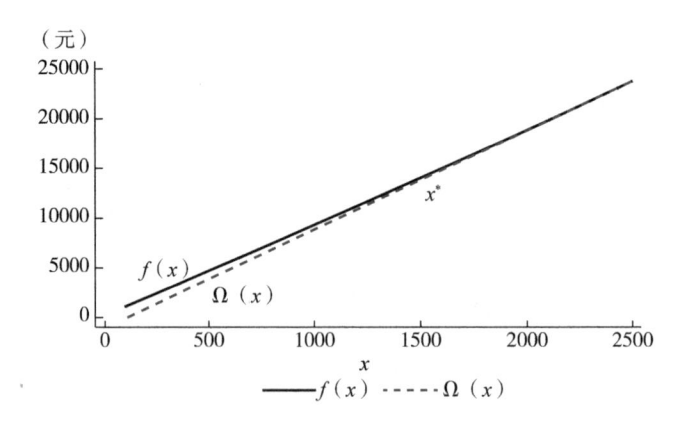

图 2-6 "土地换股份"方式中价值函数及对应的退出时机临界值

第二章 理论分析：实物期权定价视角下的农地价值与最优退出时机选择

"土地换股份"方式中不同贴现率对应的退出时机临界值如图 2-7 所示。当贴现率为 0.15 时，对应 $f(x)$ Ⅰ 和 $\Omega(x)$ Ⅰ；当贴现率为 0.1 时，对应 $f(x)$ Ⅱ 和 $\Omega(x)$ Ⅱ。可以看出，在土地换保障方式中，贴现率越低，退出时机临界值越小。

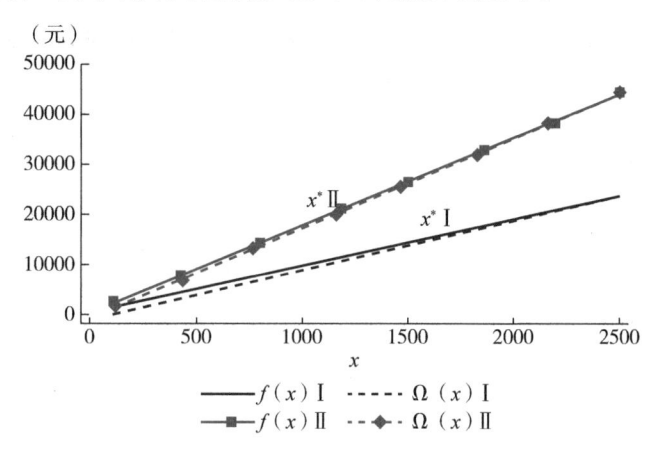

图 2-7 "土地换股份"方式中不同贴现率对应的退出时机临界值

"土地换股份"方式中集体经济组织经营能力对退出时机临界值的影响如图 2-8 所示。$\Omega(x)$ Ⅰ 和 $\Omega(x)$ Ⅱ 分别对应集体经济

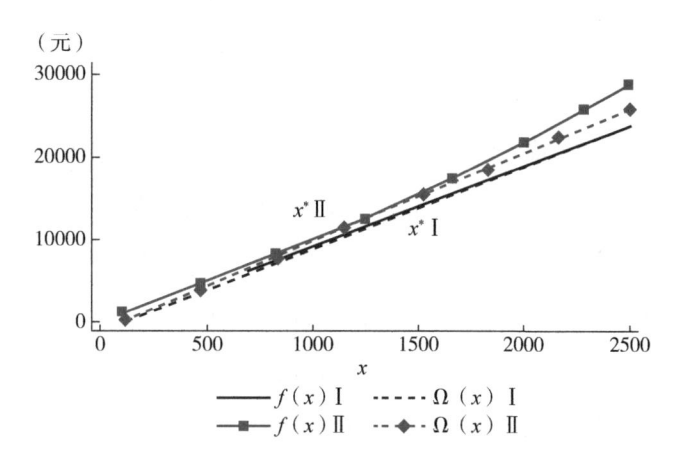

图 2-8 "土地换股份"方式中集体经济组织经营能力对退出时机临界值的影响

组织经营能力参数 $\theta=1.1$ 和 $\theta=1.2$ 时的退出回报。从图中可以直观看出，集体经济组织经营能力越强，农户的退出时机临界值越小，这与现实情况较为吻合。

三 政策含义：退出方式对农户农地退出时机选择的影响

存在不确定性的情况下，农户的农地退出选择更加复杂，这也是实物期权视角的现实意义所在。与强制性土地征收不同的是，在农地退出政策实施过程中农户拥有自愿选择的权利，而不是纯粹的政策被动接受者，在不同农地退出方式下农户决策必然存在较大差异。从退出程度来看，"土地换现金""土地换保障""土地换股权"三种主要形式均是永久性退出土地承包经营权。其核心区别是补偿方式的差异，特别是补偿收入与土地未来收益的关联程度。

在"土地换现金"方式下，农户获得了确定性的当期现金流，代价是放弃未来农地全部预期收益。农地未来收益的演变情况难以准确预测，不同农户预期的贴现率、农地经营收益增长率均有差异，导致很难确定一个令全体农户满意的补偿标准，提供远高于农地经济价值的补偿成为推进农地退出的现实选择。但补偿标准的提高会同时提高农户持有农地的实物期权价值，导致农户继续持有农地的意愿提高，最终造成土地换现金补偿方式的实施困境。

在"土地换保障"方式下，农户获得的现金流为与城乡经济发展相关联的社会保障收入。本节模型以复合现金流的形式体现，即把社会保障收入划分为两部分，一部分是确定的未来每月固定收入，另一部分是与农地未来收益挂钩的不确定性收入。在这种情况下，贴现率自然成为农户决策的重要影响因素，贴现率越低，农户的退出时机临界值越小，实现农地退出的门槛越低。

在"土地换股权"方式下，农户补偿收入仍主要与农地未来收益相关联。通过入股形式集中农地资源，能够提高农地经营收益，从而提高农户收益。村集体经济组织经营能力越强，农户的农地退出意愿越强。这一方式解决了规模经营效率问题，但同时将深层次的农地制度层面改革暂时搁置。

本章小结

基于实物期权视角研究农地价值，有助于更好地理解农民农地退出意愿和开展制度设计。从广义上看，农地价值是经济价值与社会价值的总和，农地经济价值又包括现状用途经济价值和发展权价值。由于不确定性的存在，考虑实物期权价值后的农地经济价值通常高于未来租金收益和发展权价值折现所确定的农地经济价值。以实物期权价值思维看待农地社会价值，会发现农民持有土地承包经营权相当于享有在未来获得与农地捆绑的各项优惠政策的权利，这进一步加剧了农地功能价值的补偿难题。

本章通过引入实物期权定价模型，探讨了农地经济价值决定的影响因素。在仅考虑农地未来收益的条件下，农地经济价值主要由当期收益、收益的预期增长率、折现率、不确定性等因素共同决定。上述多重因素的影响较为复杂，各利益相关方对于农地期权价值及其占农地价值的比重难以达成一致。四川省内江市龙门镇龙门村案例数据的测算结果显示，实物期权价值占农地价值的比重较高，造成以土地流转租金为依据测算的补偿标准低于农地实际价值。

本章借鉴期权定价中的最优停时问题，区分"土地换现金""土地换保障""土地换股权"三种农地退出形式，分别分析了农户退出的最优时机。在上述三种方式中，均存在贴现率越低农户退出时机临界值越小的趋势。三种退出方式的核心是补偿收入与土地未来收益的关联程度,这极易导致不同类型农户对不同退出方式的偏好差异。在"土地换现金"方式下,农户完全放弃未来收益;在"土地换保障"方式下,农户的现金流与农地未来收益部分挂钩;在"土地换股权"方式下,农户补偿收入还与集体经济组织经营能力相关联,集体经济组织盈利能力越强,农户的退出时机临界值越小。

第三章 农地价值对农民农地退出意愿的影响

第二章从实物期权的视角对农地的经济价值和功能价值进行了探讨。在实践中,农地退出利益相关方的农地价值认知存在偏差,农民农地退出意愿呈现多元化、复杂化特征。多位学者已从多个维度对不同地区、不同类型农民的农地退出影响意愿进行了研究,已产生多项颇具借鉴意义的发现。结合前文分析可以认为,在复杂的农地退出意愿表现形式背后,农民对于农地价值的判断及其补偿诉求是重要的影响因素。本章在机理分析的基础上,以农民不同层次、不同类型的农地价值补偿诉求为切入点,分别从经济价值和功能价值两个角度检验农地价值对于农民农地退出意愿的影响,探讨农地价值影响农民农地退出意愿的更深层次机理。

第一节 机理分析

一 人地分离、农地经济价值与农地财产属性扩张

农地的生产资料属性及生产功能是其最基本的属性和功能。相对于生产资料属性,农地的财产属性长期处于被忽略状态。人地的

分离是农地财产属性实现的现实前提，农地主要功能正在由生产功能优先转向财产功能优先。① 在农民"离农""离地"情况日益普遍的现实背景下，农地的财产属性呈现扩张趋势，并逐步成为农民农地退出意愿的重要影响因素。从产权强度的视角来看，农地产权相对模糊，但目前的政策框架已明确保护农地的财产属性，使农地经济价值的充分实现具备了可能性。农地经济价值实现渠道得到了进一步拓宽，即进城农民可以在自行经营以实现农地生产资料属性、土地流转以实现农地短期财产属性、永久退出农地以一次性实现农地财产属性等方案中自由选择。在面临多元化的农地经济价值实现渠道时，农民需要依据自身禀赋进行比较和理性选择。随着中国城镇化进入高质量发展阶段和规模经营主体迅速发展，农业农村已具备了人地分离的客观条件，农民也有较强的进城意愿，通过实现农地的财产属性获得市民化所需资金的需求客观存在。

二 农户分化、农地功能价值与农民功能价值诉求

功能视角可作为研究中国农村土地制度及政策的有力突破口。从经济功能和社会功能的角度划分，农地的经济功能包括农民收入、稳定预期、资产保值增值等，社会功能包括保障农民就业、平抑风险、替代农村人口社会保障等②。农地福利保障功能可细分为生存保障、集体互惠、财产享益和情感寄托等功能，农地的生存保障功能不断弱化，福利功能尤其是财产功能逐步显现并增强③。农

---

① 钟晓萍、于晓华：《财产还是生产资料？——土地经济属性与农地制度改革路径》，《内蒙古社会科学》2022年第1期。
② 柳建平：《中国农村土地制度及改革研究——基于当前土地功能变化视角的分析》，《经济体制改革》2012年第1期。
③ 邹宝玲、罗必良：《农地功能的再认识：保障、福利及其转化》，《天津社会科学》2019年第6期。

地福利保障功能与制度保障功能和社区保障共同发挥作用,并因农村流动性增强而表现出功能上的转化①。总体来看,农地承载的功能相对复杂,受到所在地区、群体特征、农户分化等多项因素影响。从人地关系的视角来看,中国农户分化呈现多层次的特征,与农地的联系紧密程度不一。既有以农业为主业的家庭经营小农户,也有从事规模经营的家庭农场和种粮大户,更多的是从事农业兼业、非农兼业的农民,以及已实现人地分离但并未完全市民化的农户等。在农户高度分化的前提下,农地功能价值诉求的多元化很可能对其农地退出意愿产生重要影响。

基于上述考虑,提出以下研究假设:一是农地经济价值越高,农民的农地退出意愿越低。其中,距离城镇越近的区域,农民对于农地的发展权价值诉求越强,从而越不愿退出农地。二是农地功能价值诉求会影响农民的农地退出意愿。其中,农地承载的就业功能越强,农民的农地退出意愿越低;农民的保障功能诉求越强,越倾向于退出农地以获得补偿。

第二节　数据来源与描述性统计

本章数据来自国家社科基金项目"实物期权视角下农民土地承包经营权有偿退出机制研究"研究成果。课题组于 2021 年 12 月至 2022 年 2 月组织了对山东省农村地区农户的问卷调查,山东大学、济南大学、青岛大学等高校的多名学生利用假期参与了此项调查活动。在剔除部分不合格问卷后,共计获取有效问卷 540 份,样本涉及 111 个县区,涵盖了山东省主要涉农县区。

---

① 邹宝玲、仇童伟、罗必良、李尚蒲:《农地福利保障如何影响农地转出——基于制度保障与社区保障调节效应的分析》,《上海财经大学学报》2017 年第 3 期。

山东省经济结构东中西部差异较大,是中国经济的一个缩影,其产业结构、农村发展情况均具有较强的代表性。调查样本基本反映了山东省农村地区的农户情况。截至2021年年底,山东省常住人口城镇化率为63.94%;农村人口总数为3667万人,农村居民平均每户常住人口3.1人,平均每户整半劳力2.14人;农村人均可支配收入20794元,高于同期全国平均约10%;农作物播种总面积1094.9万公顷,其中粮食作物和油料作物分别占76.3%和5.9%。

为保证样本质量,一是控制了调查员的所在地区,确保覆盖主要涉农县区;二是要求调查员对所在村五户农户进行随机调查;三是进行数据核对并进行回访。从样本的性别分布来看,调查样本中男性占54%,女性占46%。从年龄分布来看,35岁以下的样本占样本总量的25.7%,35(含)—45岁的样本占14.3%,45(含)—55岁的样本占43%,55岁及以上的样本占17%。从样本的承包地情况来看,样本农户的户均承包地面积为5.2亩,中位数为4亩,结合样本农户的家庭平均人口数,计算得出样本农户的人均承包地面积在1.3亩左右。

被调查农民中有36.3%具有退出农地的意愿。第一章表1-1已整理了国内关于农民农地退出意愿的若干项调查研究结论,主要关注具有退出意愿的农民比例,本次调查获得的具有退出意愿农民比例与学者对安徽省(37.9%)、江西省(37.5%)的调查结论比较接近。样本基本变量含义与统计结果如表3-1所示。

表3-1　　　　　　样本基本变量含义与统计结果

变量	含义	赋值	均值	标准差
农地退出意愿	是否愿意退出农地	是=1,否=0	0.36	0.481
年龄	受访者年龄(岁)	受访者的年龄数值	44.52	13.007

续表

变量	含义	赋值	均值	标准差
性别	受访者性别	男=1,女=0	0.54	0.499
家庭规模	受访者家庭的人口总数（人）	家庭人口的具体数量（人）	3.99	0.917
承包地面积	受访者家庭承包地总面积（亩）	家庭承包地的具体面积（亩）	5.20	4.812

第三节 农地经济价值与农民农地退出意愿

一 变量说明与模型设定

本节选取农地价值为切入点研究农地退出意愿，为较好地衡量农地价值，以亩均农业收入和交通便利程度、土地主要用途作为解释变量，以土地流转租金水平、土地流转便利程度等相关因素作为控制变量。相关变量的含义与统计结果如表3-2所示。

表3-2　　　　农地经济价值相关变量含义与统计结果

变量	含义	赋值	均值	标准差
亩均农业收入	当期的土地经营收入（万元/亩）	家庭年农业收入/家庭承包地规模	0.37	0.852
交通便利程度	受访者承包地到城镇交通是否便利	是=1,否=0	0.85	0.359
土地主要用途	是否主要种植粮食作物	粮食作物种植=1,其他用途=0	0.58	0.494
土地流转便利程度	土地流转是否便利	是=1,否=0	0.48	0.500
土地流转租金	土地流转租金水平	低于1000元/亩=1,高于1000元/亩=0	0.73	0.446

在被解释变量离散且非连续变量时，模型被称为"离散选择模

型",当被解释变量为二值选择时,模型被称为"二值选择模型"。随机干扰项的概率分布决定二值选择模型的具体形式,当随机干扰项符合正态分布时,适用 Probit 模型。① 经检验,本章实证研究适用 Probit 模型。

为验证农地经济价值对农民农地退出意愿的影响,建立以下计量模型。

$$y_i = \alpha_i + \beta_{i1} value_1 + \beta_{i2} value_2 + \gamma_{ij} X_{ij} + \delta_{ij} W_{ij} + \varepsilon_i \quad (3-1)$$

其中,y_i 为第 i 个农民的农地退出意愿;$value_1$ 为农地现状用途经济价值;$value_2$ 为农地潜在的发展权价值;X_{ij} 为第 i 个农民的第 j 个个体特征控制变量,例如年龄、性别、家庭规模等。

在数据收集中,通过两个问题收集了受访者的农地退出意愿:一是要求受访者明确表态是否有意愿退出承包经营权,即有意愿退出还是反之,从而获得代表退出意愿的 0 - 1 变量,适用 Probit 模型;二是将退出意愿分为 5 个层次,受访者可以表示明确同意、比较认可、无所谓、不太同意、明确不同意,适用 Oprobit 模型(Ordered Probit,有序概率模型)。

二 实证结果的初步分析

由第二章的理论分析可知,考虑实物期权价值后的农地经济价值与当期土地经营收入及其预期增长率正相关。变量中的亩均农业收入代表当期的土地经营收入;对于现状用途为粮食作物种植的农地,如果改种经济作物(耕地非粮化)则价值同样会增加,因此对应更高的土地经营收入预期增长率。同时,农地经济价值主要分为现状用途经济价值和发展权价值。亩均农业收入越高,代表现状用

---

① 陈强:《高级计量经济学及 Stata 应用》(第二版),高等教育出版社 2014 年版,第 169 页。

途经济价值越高；承包地去往城镇的交通越便利，则改变用途（农地转为建设用地）的可能性越高，发展权价值相应更高。农地价值对农民农地退出意愿的初步检验如表3-3所示，其中（1）列和（2）列分别为Probit模型和OProbit模型的回归结果。

表3-3 农地价值对农民农地退出意愿影响的初步检验

样本变量	（1）Probit 模型	（2）OProbit 模型
亩均农业收入	-0.1060 (0.0731)	-0.1010* (0.0550)
交通便利程度	-0.3800** (0.1560)	-0.1720 (0.1310)
土地主要用途	-0.3110*** (0.1170)	-0.3450*** (0.0964)
土地流转便利程度	-0.4100*** (0.1210)	-0.3870*** (0.1000)
土地流转租金	0.2670* (0.1380)	0.0866 (0.1090)
年龄	0.0006 (0.0044)	0.0058 (0.0036)
性别	-0.0905 (0.1140)	-0.052 (0.0955)
家庭规模	-0.0281 (0.0633)	-0.0449 (0.0547)
常数项	0.2990 (0.3750)	
切点1		-0.8210*** (0.3100)
切点2		-0.2290 (0.3080)

续表

样本变量	（1）Probit 模型	（2）OProbit 模型
切点3		0.3410 (0.3090)
切点4		0.9080*** (0.3100)
准 R^2	0.0655	0.0295
样本量	540	540

注：***、**、* 分别代表在1%、5%和10%的水平上显著，括号内为回归标准误。

表3-3（1）列基于总体样本，要求受访者明确表态是否愿意退出承包经营权，选择愿意时被解释变量取值为1，否则为0。Probit 模型检验的结果显示，交通便利程度、土地主要用途两个变量显著且系数为负，这与机理分析的结论较为吻合，即农地的发展权价值越高，农民预期获得的征地补偿越高，存在"待价而沽"的心理倾向。亩均农业收入变量不够显著但系数为负，同样体现了农地经济价值对于农地退出意愿的抑制作用。土地流转便利程度变量显著且系数为负，这与现实情况较为契合，即土地流转越便利，农民越能够以低成本获得流转租金，从而农地提供现金流的能力更强，农地的财产性属性进一步凸显，农民的农地退出意愿被抑制。土地流转租金变量在10%的水平上显著且系数为正，这意味着土地流转租金越高，农民的农地退出意愿越强。可能的解释是由于存在规模化农地供求的不平衡等问题，部分地区土地流转租金偏高，高租金的可持续性不强，农民期望通过退出农地一次性获得补偿。

表3-3中的（2）列将退出意愿分为5个层次，即明确同意、比较同意、无所谓、不太同意、明确不同意时被解释变量分别赋值为5、4、3、2、1。OProbit 模型检验的结果显示，各个变量的系数

与 Probit 模型检验的结果相同，亩均农业收入、土地主要用途、土地流转便利程度三个变量显著，其解释与 Probit 模型类似。Probit 模型与 Oprobit 模型检验的结果均显示，受访者的个人特征和家庭特征如年龄、性别、家庭规模等变量均不显著，年龄变量的系数为正，性别变量和家庭规模变量的系数为负。

三 考虑农户生产能力分化的进一步分析

从农户生产能力的角度分析，亩均农业收入受多种因素影响，种植粮食作物还是经济作物、机械化水平、大棚等农业设施投入等因素均起到重要影响。因此需要进一步探讨，亩均农业收入是由土地作为生产资料的价值决定，还是由农户作为经营者的资本投入或经营能力决定？鉴于此，分别引入"是否拥有拖拉机等农用机械"和"是否拥有大棚等农业设施"两个变量，替代亩均农业收入变量以进行稳健性检验。

农地价值对农民农地退出意愿影响的进一步检验如表 3-4 所示，表 3-4 的第（1）列和第（2）列分别为引入"是否拥有拖拉机等农用机械"变量后的 Probit 模型和 OProbit 模型的回归结果。（1）列的结果显示，"是否拥有拖拉机等农用机械"显著且系数为负，这意味着拥有农业机械的、具备"高经营能力"农民的农地退出意愿同样受到抑制。交通便利程度、土地流转便利程度、土地主要用途三个变量同样显著且系数为负，其解释与上阶段分析类似。表 3-4 第（2）列在对退出意愿分层次考察后，年龄变量显著且系数为正，即老龄农民的退出意愿较高，可能与其社会保障诉求等因素有关。表 3-4 的第（3）列和第（4）列分别为引入"是否拥有大棚等农业设施"变量后的 Probit 模型和 OProbit 模型的回归结果。第（3）列的结果显示，交通便利程度、土地流转便利程度、土地主要用途同样显著且系数为负。农业设施投资是否会抑制农户退出意愿则未得到很好证实，其背后机理较为复杂。一方面，大棚等农业设施能够带来更高经营收益，从而降低统一标准的农地退出补偿的吸引力；另一方面，与农业机械相比，农业设施的投资金额更大、处置变现更难、经营风险更高，如果提供合理退出补偿则农民的退出意愿可能会明显提升。

表 3-4　农地价值对农民农地退出意愿影响的进一步检验

样本变量	(1) Probit 模型	(2) OProbit 模型	(3) Probit 模型	(4) OProbit 模型
是否拥有拖拉机等农用机械	-0.3050** (0.1340)	-0.4180*** (0.1080)		
是否拥有大棚等农业设施			0.2240 (0.1940)	-0.0129 (0.1540)
交通便利程度	-0.3800** (0.1550)	-0.1680 (0.1290)	-0.3730** (0.1570)	-0.1780 (0.1310)
土地主要用途	-0.2880** (0.1170)	-0.3140*** (0.0966)	-0.2960** (0.1160)	-0.3340*** (0.0958)
土地流转便利程度	-0.3790*** (0.1220)	-0.3450*** (0.1010)	-0.4110*** (0.1210)	-0.3890*** (0.1000)
土地流转租金	0.2270 (0.1420)	0.0106 (0.1110)	0.3070** (0.1380)	0.1070 (0.1090)
年龄	0.0023 (0.0045)	0.0083** (0.0037)	0.0010 (0.0044)	0.0060* (0.0036)
性别	-0.0758 (0.1140)	-0.0382 (0.0956)	-0.1060 (0.1150)	-0.0476 (0.0963)
家庭规模	-0.0305 (0.0637)	-0.0504 (0.0544)	-0.0230 (0.0635)	-0.0433 (0.0548)
常数项	0.2820 (0.3750)		0.1680 (0.3740)	

续表

样本变量	(1) Probit 模型	(2) OProbit 模型	(3) Probit 模型	(4) OProbit 模型
切点1		-0.8390*** (0.3080)		-0.7520** (0.3100)
切点2		-0.2410 (0.3060)		-0.1620 (0.3090)
切点3		0.3360 (0.3060)		0.4070 (0.3090)
切点4		0.9130*** (0.3080)		0.9730*** (0.3100)
准 R^2	0.0710	0.0372	0.0651	0.0279
样本量	540	540	540	540

注：***、**、*分别代表在1%、5%和10%的水平上显著，括号内为回归标准误。

第四节 农地功能价值诉求与农民农地退出意愿

本节将主要分析农地功能价值对于农民农地退出意愿的影响。现阶段农地承载的功能较为复杂，涉及经济、社会、文化等多个维度。上一节关于农地经济价值的分析主要涵盖农地作为农业生产资料的生产性功能，事实上农地的社会功能也不容忽视，上述功能共同影响了农民的农地退出决策，影响相关补偿机制设计的可操作性。

一 变量说明与模型设定

为更好地描述农民在上述农地功能方面的价值诉求，同样以农民农地退出意愿作为被解释变量，以农民进城就业意愿、养老保险、医疗保险、随迁意愿作为解释变量，分别代表农民对于农地的失业保障功能诉求、社会保障功能诉求和情感功能诉求，以就业偏好、非农劳动技能、外出务工等变量作为控制变量，变量含义如表3-5所示。

表3-5　　　　　　农地功能价值变量含义与统计结果

变量	含义	赋值	均值	标准差
进城就业意愿	受访者进城工作意愿	有意向=1，无意向=0	0.62	0.485
养老保险	是否持有养老保险	是=1，否=0	0.64	0.481
医疗保险	是否持有医疗保险	是=1，否=0	0.81	0.389
随迁意愿	如果子女进城，是否愿意进城	是=1，否=0	0.56	0.496
就业偏好	愿意进城从事体力劳动还是脑力劳动	体力劳动=1，脑力劳动=0	0.51	0.500
非农劳动技能	是否掌握非农劳动技能	是=1，否=0	0.33	0.472
外出务工	家庭内是否有劳动力外出务工	是=1，否=0	0.63	0.482
进城就业难度认知	受访者认为自己进城就业的难度	很难=5，比较难=4，一般=3，比较容易=2，很容易=1	3.35	1.336

从考察变量情况来看，62%的受访者具有进城就业的意愿，持有农村基本养老保险的受访者占64%，而持有医疗保险的受访者占81%。同时，56%的受访者表示如果子女进城自己也愿意进城，44%的受访者则不具有明显的随迁意愿。51%的受访者希望进城从事脑力劳动。受访者掌握电焊、汽修等非农劳动技能的不足1/3。63%的受访者家庭有劳动力外出务工，其中24.6%的家庭有1人外出务工，30.4%的家庭有2人外出务工，8.3%的家庭有3人及以上外出务工。

为验证农地功能价值对于农民农地退出意愿的影响,建立以下计量模型。

$$y_i = \alpha_i + \beta_{ik}value_k + \gamma_{ij}X_{ij} + \delta_{ij}W_{ij} + \varepsilon_i \quad (3-2)$$

式中:y_i 为第 i 个农民的农地退出意愿;$value_k$ 为农地的 k 类功能价值;X_{ij} 为第 i 个农民的第 j 个个体特征控制变量,如年龄、性别、家庭规模等。本部分同样选用 Probit 模型和 Oprobit 模型进行回归。

二 实证结果的初步分析

以农民农地退出意愿作为被解释变量,以进城就业意愿、养老保险、医疗保险、随迁意愿作为解释变量,以就业偏好、非农劳动技能、外出务工等变量作为控制变量。选取了样本中 60 岁以下的受访农民,样本总量为 507 个。从实证结果来看,农民存在就业、社会保障、情感诉求等多层次农地功能价值诉求,不同类型农民的诉求有所偏差。农地功能价值对农民农地退出意愿影响的初步检验如表 3-6 所示。

表 3-6 农地功能价值对农民农地退出意愿影响的初步检验

样本变量	(1) Probit 模型	(2) OProbit 模型
进城就业意愿	-0.433*** (0.138)	-0.327*** (0.115)
养老保险	-0.0421 (0.135)	-0.171 (0.109)
医疗保险	-0.147 (0.165)	0.0416 (0.129)
随迁意愿	-0.480*** (0.142)	-0.306*** (0.115)

续表

样本变量	(1) Probit 模型	(2) OProbit 模型
就业偏好	-0.596*** (0.130)	-0.474*** (0.102)
非农劳动技能	-0.550*** (0.135)	-0.411*** (0.104)
外出务工	-0.154 (0.129)	-0.0737 (0.104)
进城就业难度认知	0.229* (0.126)	0.119 (0.0994)
年龄	0.00427 (0.00446)	0.00811** (0.00352)
性别	-0.0280 (0.122)	0.0356 (0.0972)
家庭规模	-0.0925 (0.0630)	-0.105* (0.0537)
常数项	0.918** (0.363)	
切点1		-1.233*** (0.300)
切点2		-0.610** (0.294)
切点3		-0.00864 (0.292)
切点4		0.577** (0.289)
准 R^2	0.1458	0.0542
样本量	507	507

注：***、**、*分别代表在1%、5%和10%的水平上显著，括号内为回归标准误。

表3-6（1）列基于总体样本，要求受访者明确表态是否愿意退出承包经营权，选择愿意时被解释变量取值为1，反之为0。

Probit 模型检验的结果显示，进城就业意愿变量在 1% 的水平上显著且系数为负，这意味着具有进城就业意愿的农民存在将农地作为失业保险的需求。随迁意愿变量显著且系数为负，即有意愿随子女进城的农民仍倾向于保留土地承包经营权，同样反映出对农地的财产性诉求。养老保险和医疗保险变量不显著但系数均为负，意味着社会化方式提供的养老保障和医疗保障会弱化农民退出农地以换取上述保障的动机。就业偏好变量显著且系数为负，即有意愿进城从事体力劳动的农民农地退出意愿更强，有意愿进城从事脑力劳动的农民倾向于持有土地，前者体现了城镇体力劳动就业机会对于农地就业功能的替代，后者则更多反映出对农地的财产性诉求。非农劳动技能变量显著且系数为负，即掌握非农劳动技能的农民反而不愿意退出农地，可能的解释是此类农民通常具有较高的财富水平、文化水平、生产经营能力，对于农地的财产性诉求更高，抑制了其农地退出意愿。

表 3-6（2）列退出意愿分为 5 个层次，即明确同意、比较同意、无所谓、不太同意、明确不同意时被解释变量分别赋值 5、4、3、2、1。OProbit 模型检验的结果显示，除医疗保险、性别变量外，其余各变量的系数与 Probit 模型检验的结果相同；进城就业意愿、随迁意愿、非农劳动技能、就业偏好等变量同样显著。与此同时，年龄变量在 5% 的水平上显著且系数为正，意味着老年受访者的农地退出意愿更强。家庭规模变量在 10% 的水平上显著且系数为负，即人口越少的家庭农地退出意愿越强，此类家庭通常存在子女进城、家庭劳动力不足、户主较为年轻等情况，故而有退出农地的倾向。

三 基于农地功能价值细化的进一步分析

为更好地区分农地不同类型功能价值对于农民农地退出意愿的

影响，可以将农地功能细分为发展性功能和保障性功能，前者主要包括就业功能，后者则包括住房保障、社会保障等功能。

农地价值对农民农地退出意愿影响的进一步检验如表3-7所示。其中，表3-7（1）列、（2）列就发展性功能对农民农地退出意愿分别进行了Probit和OProbit检验。检验结果显示，进城就业意愿、就业偏好、非农劳动技能等变量显著且系数为负。这意味着农民对于农地的发展性功能诉求越强，农地退出意愿就越弱，农地仍然承担了失业保险功能。年龄变量显著且系数为正，即老年农民对于农地的就业功能需求减弱，期望通过退出农地换取补偿。表3-7（3）列、（4）列就农地保障性功能对农民农地退出意愿的影响分别进行了Probit和OProbit检验。检验结果显示，进城居住意愿和医疗保险变量显著且系数为负，即有购房意愿的农民和持有医疗保险的农民更加倾向于持有土地承包经营权，这可能与农地财产性属性的凸显直接相关。此外，由于受访者持有的社会保险主要为农村社会养老保险，保障水平远低于城镇社会保障，因此对于农地退出意愿的影响并不明显。随迁意愿变量在1%的水平上显著且系数为负，体现出农民对农地的情感寄托诉求。年龄变量系数为正，也体现出老年农民通过退出农地换取保障性补偿的需求。

表3-7　农地价值对农民农地退出意愿影响的进一步检验

样本变量	(1) Probit 模型	(2) OProbit 模型	(3) Probit 模型	(4) OProbit 模型
进城就业意愿	-0.643*** (0.126)	-0.464*** (0.104)		
进城居住意愿			-0.231* (0.124)	-0.113 (0.103)
养老保险			0.0448 (0.131)	-0.0966 (0.110)

续表

样本变量	(1) Probit 模型	(2) OProbit 模型	(3) Probit 模型	(4) OProbit 模型
医疗保险			-0.323** (0.160)	-0.115 (0.126)
随迁意愿			-0.502*** (0.130)	-0.371*** (0.110)
就业偏好	-0.538*** (0.126)	-0.435*** (0.100)		
非农劳动技能	-0.559*** (0.134)	-0.421*** (0.103)		
外出务工	-0.169 (0.126)	-0.0817 (0.102)		
进城就业难度认知	0.203 (0.124)	0.119 (0.0993)		
年龄	0.00473 (0.00444)	0.00819** (0.00354)	0.00102 (0.00434)	0.00549 (0.00354)
性别	-0.0311 (0.119)	0.0192 (0.0961)	-0.121 (0.114)	-0.0542 (0.0948)
家庭规模	-0.0371 (0.0616)	-0.0654 (0.0530)	-0.0532 (0.0632)	-0.0673 (0.0534)
常数项	0.402 (0.339)		0.492 (0.364)	
切点1		-0.901*** (0.287)		-0.835*** (0.303)
切点2		-0.289 (0.282)		-0.251 (0.300)
切点3		0.303 (0.280)		0.310 (0.298)
切点4		0.884*** (0.279)		0.860*** (0.295)
准 R^2	0.1225	0.0462	0.0567	0.0188
样本量	507	507	507	507

注：***、**、*分别代表在1%、5%和10%的水平上显著，括号内为回归标准误。本部分同样选取了调查所得样本中60岁以下的受访农民，样本总量为507个。

本章小结

本章主要探讨了农民农地价值诉求对农地退出意愿的影响机制。农地经济价值和农民对于农地的功能价值诉求均会影响其退出意愿，其影响机制也有所不同。

从农地经济价值角度看，在农村人地加速分离的趋势下，土地流转市场化水平不断提升，农地经济价值的市场化实现渠道日益畅通，农民对于农地经济价值的认知水平持续提升，将农地视作一种投资品的情况更加普遍。实证研究的结果揭示了以下影响机制：第一，较高的农地现状用途经济价值会抑制农民的农地退出意愿。第二，土地流转便利程度会放大农地的财产性属性，从而抑制农民的农地退出意愿。第三，农地的发展权价值越高，农民预期获得的农地退出补偿就越高。

就农地功能价值角度看，中国农地承载了经济和社会等多项功能，随着农户加速分化，其农地功能价值诉求呈多元化趋势，农民农地退出意愿复杂多样。实证研究的结果揭示了以下影响机制：第一，农民在就业、社会保障、情感寄托等方面的农地功能价值诉求，均会影响农地退出意愿。第二，农地承担了有意愿进城就业农民的失业保险功能、随子女进城农民的社会保障功能，上述功能价值诉求抑制了农地退出意愿。有意愿进城从事体力劳动的农民农地退出意愿更强，有意愿进城从事脑力劳动的农民倾向于持有土地，前者体现了城镇体力劳动就业机会对于农地就业功能的替代，后者则更多地反映出对农地的财产性诉求。第三，将农地功能分为发展性功能和保障性功能来考察：农民对于农地的发展性功能诉求越强，农民的农地退出意愿越弱；保障性功能诉求越强，农民的农地退出意愿越强。

第四章 农地价值、农民进城意愿与退出补偿方式偏好

上一章的研究认为,农民对于农地价值的判断及其补偿诉求是影响农地退出意愿的重要因素,本章拟在其基础上深入分析。保障进城落户农民利益和引导"离农"农民有序"离地"是农地退出政策的重要出发点。从更深层的逻辑来看,农地价值通过影响农民进城意愿,进而影响农民农地退出意愿。与此同时,农地退出方式也是影响农民进城意愿的重要因素,并直接决定农民对农地退出政策的接受程度。本章着重关注农地价值、农民进城意愿与退出补偿方式偏好之间的关联性。具体的讨论分为三个层次:一是机理分析;二是将农民进城意愿细分为进城就业意愿和进城居住意愿,分别讨论农地价值对于农民进城就业意愿和进城居住意愿的影响;三是探讨农地价值对于农民农地退出补偿方式偏好的影响。

第一节 文献回顾和机理分析

一 农地价值与差异化的农民进城意愿

农民进城意愿是农地退出政策讨论的核心前提。[①] 在城镇化初

[①] 狭义的农地退出政策仅涉及进城落户农民,广义的农地退出意愿还包括对长期外出务工、老年农民、兼业农民等群体的农地退出适度引导。

期,由于户籍等制度层面的限制,进城务工农民普遍返乡养老,而在打破城乡人口流动桎梏后,农民的进城意愿呈现复杂的演变趋势。张翼对"2010 年国家人口和计划生育委员会流动人口监测调查"数据进行了分析,发现农民工落户城镇意愿与"是否需要交回承包地"有关,只有 11% 左右的农民工愿意交回承包地而转户口,且愿意转户口的农民工中有 70% 左右的更愿意去大城市落户。[①] 2014 年对河南省"百村调查"的数据显示,47.8% 的被访农民工愿意在打工地安家落户,年龄、文化程度、收入、打工地点等因素对农民工的城镇化意愿和能力有显著影响。[②] 2014 年夏,对河北省、河南省、山东省的 9 个农业县的调研结果表明,成员非农就业较稳定的农户家庭,更愿意以一次性卖断(直接出售或被政府征用)的方式处置承包地。[③] 农村社会保障对进城务工人员的农地退出意愿影响显著。[④] 更新的研究则发现,农民工城镇化流动趋势正从原来的"乡—城"向"乡—县—城"转变[⑤]。对新生代农民工而言,就近城镇化正在成为迁移的趋势,而且"体面进城"是其外出务工的主要动力。[⑥]

随着城镇化进程逐步进入新的阶段,农民进城意愿正在发生变化,对于农地退出政策的设计和实施效果必然产生影响。一方面,

[①] 张翼:《农民工"进城落户"意愿与中国近期城镇化道路的选择》,《中国人口科学》2011 年第 2 期。

[②] 韩恒:《农民工的"城市梦"及其影响因素——基于河南省"百村调查"的数据分析》,《中州学刊》2014 年第 7 期。

[③] 刘同山:《农业机械化、非农就业与农民的承包地退出意愿》,《中国人口·资源与环境》2016 年第 6 期。

[④] 杨婷、靳小怡:《资源禀赋、社会保障对农民工土地处置意愿的影响——基于理性选择视角的分析》,《中国农村观察》2015 年第 4 期。

[⑤] 宋国恺、陈欣蕾:《农民工城镇化转变:从"乡—城"到"乡—县—城"——以农民工落户城市层级选择意愿为视角》,《西安交通大学学报》(社会科学版)2021 年第 5 期。

[⑥] 刘丽娟:《新生代农民工就近城镇化形成机制、实践基础及发展路径》,《重庆社会科学》2020 年第 10 期。

乡村振兴等战略的实施不断推高农地经济价值，农地经济价值越高，农民从事农业生产的收益越高，相应会抑制其进城工作的积极性；同时，城乡交通基础设施的建设使就近外出务工更加便捷。另一方面，由于城乡社会服务一体化、均等化发展，城市户籍特别是中小城市户籍所附加的福利吸引力不断下降，而城乡居住成本的差距较大，农民进城居住的诉求有可能受到抑制。此外，在人口老龄化的大背景下，老年农民随子女进城居住的情况也更加普遍，并成为影响农地退出政策设计和政策效果的重要因素。

在此情况下，有必要将农民的进城意愿进一步细分为进城就业意愿和进城居住意愿，讨论农地价值对其进城就业意愿和进城居住意愿的不同影响，从而为后续研究作铺垫。

二 农民的农地价值诉求与退出补偿方式偏好

由于农地承载了诸多功能，农民对于农地价值的诉求复杂多元，进而影响到其对于不同类型退出方式的差异化偏好。多位学者通过调查研究的方式获知农民对于农地退出的偏好，并从区位、家庭、资源禀赋、非农就业等多个角度进行了分析。在沪、苏、浙等相对发达地区的农户中，对农地依赖性强的更倾向于保障性补偿（就业机会或社会保障）而非纯经济补偿[①]；冀、鲁、豫三省农户则更易接受政府征地和换工资收入方式（养老保险、退休金等）[②]。年龄越大的老夫妻农户，退出承包地换取增加社会保障的意愿越强烈[③]。由于非农业户口价值的降低，农村进城买房家庭

[①] 王常伟、顾海英：《城镇住房、农地依赖与农户承包权退出》，《管理世界》2016年第9期。

[②] 刘同山、孔祥智：《参与意愿、实现机制与新型城镇化进程的农地退出》，《改革》2016年第6期。

[③] 方志权、张晨、张莉侠、楼建丽：《农村土地承包经营权退出意愿与影响因素——基于上海四区1255份农村调查问卷的分析》，《农村经营管理》2017年第11期。

进城落户的愿望并不强烈，土地退出意愿不强[①]。

现阶段，不同的农地退出方式对应不同的退出补偿形式。农地经济价值和农地功能价值对退出补偿方式偏好的影响机制较为复杂。一方面，农地价值是经济价值和功能价值的共同载体，农民对于农地经济价值和功能价值的诉求遵循不同的逻辑。农地作为农业生产资料的经济价值，可以通过实物期权定价等方法进行测算，而农地承载的就业保障、社会保障和心理寄托等功能无法以货币形式予以估量。另一方面，在不同农地退出方式下，农民农地退出意愿的影响因素存在较大差异。在实践中，村集体和地方政府是农地退出方案设计的主导方。农民作为政策的被动接受方，尽管具有自愿选择权，但仅能对退出方案表示接受或者拒绝，无法在不同类型的退出方式中自由选择，与此同时，农民的农地退出补偿方式偏好并非长期稳定的，而是不断变化的。例如，严中成等基于 2015 年中国家庭金融调查（CHFS）数据的研究发现，非农就业反而会激发农户农转非的资本积累需求，提高农民对农地的价值预期。[②] 因此，有必要深入研究不同农地退出方式下，何种因素会对农民农地退出意愿产生显著影响，进而为各地立足自身情况选择区域性的农地退出方案提供参考。

第二节　农地价值对农民差异化进城意愿的影响

一　变量说明与计量方法

（一）样本基本特征

城镇化进程是一个长期过程，农地退出政策的施策对象主要是

[①] 张成玉：《农村进城买房家庭户口和土地退出问题研究》，《贵州财经大学学报》2021 年第 2 期。
[②] 严中成、漆雁斌、韦锋、邓鑫：《非农就业对农户农地价值预期的影响研究——来自 CHFS 的实证分析》，《中国农业资源与区划》2022 年第 7 期。

已进城落户的农民,其次是有进城落户意愿的农民。同时,大量"离地"农民仍存在返乡务农或返乡养老的需求,应对其进城意愿进一步细分。本部分选取了调查所得样本中 60 岁以下的受访农民,样本总量为 507 个,基本变量含义及统计结果如表 4-1 所示。

表 4-1　　　　　　　　样本基本变量含义与统计结果

变量	含义	赋值	均值	标准差
年龄	受访者年龄(岁)	受访者的年龄数值	42.79	11.294
性别	受访者性别	男=1,女=0	0.56	0.497
家庭规模	受访者家庭的人口总数(人)	家庭人口的具体数量(人)	3.98	0.900
承包地面积	受访者家庭承包地总面积(亩)	家庭承包地的具体面积(亩)	5.16	4.775
进城居住意愿	受访者进城购房定居意愿	已购房或未来 5 年内有意向=1,无意向=0	0.49	0.500
进城就业意愿	受访者进城工作意愿	有意向=1,无意向=0	0.62	0.487

从全部样本来看,农民进城就业意愿(62%)显著高于进城居住意愿(49%),这与前文分析结果较为契合,农村作为"蓄水池"或者"减缓器"的功能仍然存在。不同年龄阶段农民的进城居住和进城就业意愿情况如图 4-1 所示,观察图 4-1 同样可以发现,50 岁以上农民的进城居住意愿明显低于中青年农民,进城就业意愿也相对较低。已有多项研究涉及资源禀赋、个体差异和家庭特征对于农民进城和退出农地意愿的影响,本部分将就农地价值对农民进城意愿的影响开展实证检验。受访者中男性的进城就业意愿(60.6%)和进城居住意愿(46.6%)均小于女性(64.1%和 50.8%)。

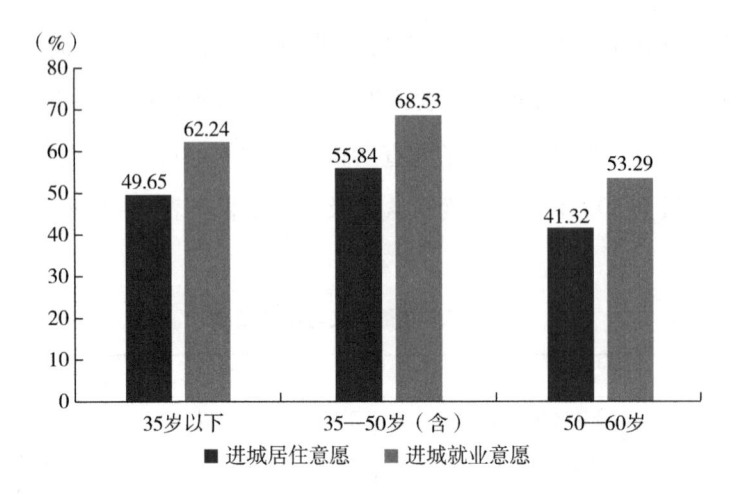

图 4-1 不同年龄阶段农民进城居住意愿和进城就业意愿情况

（二）模型构建

当被调查农民表达出进城就业意愿和进城居住意愿时，这两种决策并不是相互独立的，如果对两种退出意愿单独进行 Probit 检验，则可能会损失效率，两个方程扰动项之间可能存在相关性，因此采用双变量 Probit 模型（Bivariate Probit 模型）[①]。模型具体设定形式为：

$$y_1^* = \beta_1 x'_1 + \varepsilon_1$$
$$y_2^* = \beta_2 x'_2 + \varepsilon_2 \quad (4-1)$$

式中：y_1^* 和 y_2^* 为不可观测的潜变量；x'_1 和 x'_2 分别为农民进城就业意愿和进城居住意愿的影响因素向量；β_1 和 β_2 为待估计的系数向量；ε_1 和 ε_2 为随机扰动项且服从二维联合正态分布。

为确保 BiProbit 模型的适用性，需要先检验解释变量的多重共线性和相关性。利用 Stata14 进行检验发现，各解释变量之间的相

---

① John M. Greene, "A Method for Determining a Stochastic Transition", *Journal of Mathematical Physics*, Vol. 20, No. 6, 1979, pp. 1183 – 1201.

关系数均小于 0.3，各变量间的 Mean VIF 小于 10，相关性和多重共线性较弱，适用 BiProbit 模型。

（三）变量选取

为考察农地价值对农民进城意愿的影响，将进城就业意愿和进城居住意愿作为被解释变量（见表 4-1）。参照本书第三章，将解释变量分为农地经济价值、农地功能价值两大类，并选取部分控制变量，具体变量含义及统计结果如表 4-2 所示。

表 4-2　　　　　　样本具体变量含义与统计结果

类型	变量		含义	赋值	均值	标准差
被解释变量	进城居住意愿		受访者进城购房定居意愿	已购房或未来5年内有意向=1，无意向=0	0.49	0.500
	进城就业意愿		受访者进城工作意愿	有意向=1，无意向=0	0.62	0.487
解释变量	农地经济价值	亩均农业收入	亩均农业收入（万元/亩）	家庭年农业收入/家庭承包地规模	0.39	0.877
		交通便利程度	受访者承包地到城镇交通是否便利	是=1，否=0	0.86	0.347
		土地主要用途	是否主要种植粮食作物	粮食作物种植=1，其他用途=0	0.58	0.494
	农地功能价值	养老保险	是否持有养老保险	是=1，否=0	0.64	0.480
		医疗保险	是否持有医疗保险	是=1，否=0	0.83	0.377
		随迁意愿	如果子女进城，是否愿意进城	是=1，否=0	0.57	0.496
控制变量	年龄		受访者年龄（岁）	受访者的年龄数值	42.79	11.294
	性别		受访者性别	男=1，女=0	0.56	0.497
	家庭规模		受访者家庭的人口总数（人）	家庭人口的具体数量（人）	3.98	0.900
	土地流转便利程度		土地流转是否便利	是=1，否=0	0.48	0.500

续表

类型	变量	含义	赋值	均值	标准差
控制变量	土地流转租金	土地流转租金水平	低于 1000 元/亩 = 1,高于 1000 元/亩 = 0	0.71	0.452
	就业偏好	愿意进城从事体力劳动还是脑力劳动	体力劳动 = 1,脑力劳动 = 0	0.52	0.500
	非农劳动技能	是否掌握非农劳动技能	是 = 1,否 = 0	0.34	0.475

二 实证结果分析

采用 BiProbit 模型的农地价值对农民进城就业意愿和进城居住意愿影响的检验结果如表 4-3 所示。

表 4-3 农地价值对农民进城就业意愿和居住意愿影响的检验结果

样本变量	进城就业意愿	进城居住意愿
亩均农业收入	0.134 (0.0899)	0.0845 (0.0740)
交通便利程度	-0.0812 (0.183)	0.195 (0.185)
土地主要用途	0.224* (0.130)	-0.269** (0.127)
养老保险	-0.170 (0.146)	0.330** (0.141)
医疗保险	0.368** (0.179)	-0.377** (0.182)
随迁意愿	1.178*** (0.140)	0.817*** (0.136)
年龄	-0.00700 (0.00557)	0.00129 (0.00546)
性别	-0.0582 (0.127)	-0.117 (0.123)
家庭规模	0.131* (0.0702)	-0.0856 (0.0707)

续表

样本变量	进城就业意愿	进城居住意愿
土地流转便利程度	0.113 (0.138)	0.404*** (0.136)
土地流转租金	0.0191 (0.147)	-0.234* (0.140)
就业偏好	0.152 (0.133)	-0.208 (0.131)
非农劳动技能	0.225 (0.138)	0.191 (0.132)
常数项	-1.031** (0.434)	-0.0715 (0.429)
逆米尔斯比率	0.213** (0.0827)	
样本量	507	

注：***、**、*分别代表在1%、5%和10%的水平上显著，括号内为回归标准误。

对于进城就业意愿而言，土地主要用途变量在10%的水平上显著且系数为正，这意味着种植粮食作物的农户有更强的动机进城就业；医疗保险变量在5%的水平上显著且系数为正，意味着参与医疗保险的农户具有较强的进城就业意愿；随迁意愿变量在1%的水平上显著且系数为正，即如果子女进城则农民有较强的意愿进城就业；家庭规模变量在10%的水平上显著且系数为正，可能是因为人口较多的家庭富余劳动力也较多，进城就业意愿较强。

对于进城居住意愿而言，土地主要用途变量在5%的水平上显著且系数为负；养老保险和医疗保险变量在5%的水平上显著且系数分别为正和负；随迁意愿变量在1%的水平上显著且系数为正；土地流转便利程度变量在1%的水平上显著且系数为正，即便利的土地流转会为农民进城居住提供稳定的现金流，从而促进其进城居住意愿；土地流转租金变量在10%的水平上显著且系数为负，可能的原因是农户持有土地经营权的流转租金越高，越倾向于自行从事农业经营。

值得注意的是，土地主要用途、养老保险、医疗保险等变量对于农民进城就业意愿和进城居住意愿的影响均是反向的。主要种植粮食作物会提高农民的进城就业意愿而抑制其进城居住意愿，这可能与粮食作物较低的种植经营回报率直接相关。持有养老保险会促进农民进城居住而抑制其进城就业意愿，持有医疗保险会促进农民进城就业而抑制农民进城居住意愿。

第三节 农地价值对农民农地退出补偿方式偏好的影响

除了是否有意愿退出农地的意见表达，农民农地退出意愿还包括对于退出补偿方式的偏好。前文已对农民农地价值诉求与退出补偿方式偏好之间的关系进行了简要分析，本节将就农地价值对于农民农地退出补偿方式偏好的影响问题进行实证检验。

一 变量说明与计量方法

（一）变量选取

被解释变量是农民的农地退出补偿方式偏好，问卷调查中分别询问了农民是否愿意接受"以承包地换取现金补偿""以承包地换取城镇户口和社保""以承包地换取集体经济组织股份"，分别对应了国内实践中常见的三种退出方式"土地换现金""土地换保障""土地换股权"。

就考察变量而言，受访农户中仅有34.3%认可"土地换现金"

退出方式，认可"土地换保障"退出方式的有 41.3%，而认可"土地换股权"退出方式的达到了 55.7%。上述比例部分体现出受访农民对于土地价值的认知，即"世代享有的权益＞本代人享有的社会保障＞一次性现金"，也就是说，相对于一次性现金补偿和一代人的社会保障，农民期望获得世代土地租金收入的比例最高。具体到不同年龄段农民，也有明显差距（见图 4-2）。35 岁以下和 55 岁及以上农民较为认可"土地换现金"退出方式，35（含）—45 岁农民对于该方式认可比例最低，这可能与年轻农民和老年农民的现金流需求有关。35（含）—45 岁及 45（含）—55 岁的中年农民认可"土地换保障"的比例明显高于 35 岁以下的青年农民和 55 岁及以上的老年农民，体现出中年农民对社会保障的更强烈需求。55 岁及以上老年农民认可"土地换股权"的比例显著低于其他年龄段农民，这可能与其对于集体经济组织股权理解不够清楚有关。

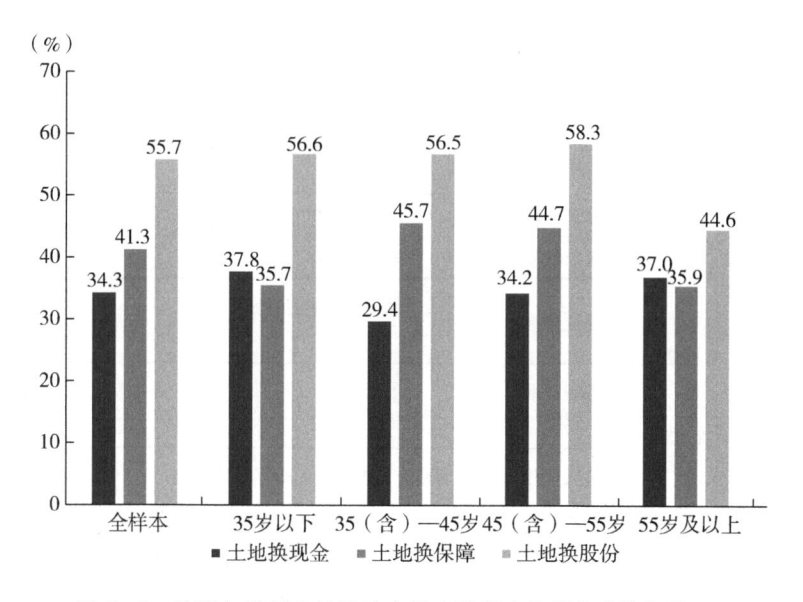

图 4-2　按照年龄划分的受访农民农地退出补偿方式偏好情况

核心解释变量是农地价值和农民进城意愿,前者包括农地经济价值和功能价值。其中,农地经济价值由亩均农业收入、交通便利程度、土地主要用途界定;农地功能价值则由养老保险、医疗保险、随迁意愿界定;农民进城意愿包括进城就业意愿、进城居住意愿。控制变量为受访者的年龄、性别、家庭规模、承包地面积、土地流转便利程度和土地流转租金水平等变量。样本变量含义与统计结果如表4-4所示。

表4-4 样本变量含义与统计结果

类型	变量名称		含义	均值	标准差
被解释变量	承包地换现金		愿意=1,不愿意=0	0.34	0.475
	承包地换保障		愿意=1,不愿意=0	0.41	0.493
	承包地换股份		愿意=1,不愿意=0	0.56	0.497
解释变量	农地经济价值	亩均农业收入	家庭年农业收入/家庭承包地规模(万元/亩)	0.39	0.877
		交通便利程度	承包地到城镇交通是否便利,是=1,否=0	0.86	0.347
		土地主要用途	是否主要种植粮食作物,是=1,否=0	0.58	0.494
	农地功能价值	养老保险	持有=1,未持有=0	0.64	0.480
		医疗保险	持有=1,未持有=0	0.83	0.377
		随迁意愿	如果子女进城,是否愿意进城,是=1,否=0	0.57	0.496
	农民进城意愿	进城就业意愿	有意向=1,无意向=0	0.49	0.500
		进城居住意愿	已购房或有意向=1,未购房且不愿意=0	0.62	0.487
控制变量	年龄		35岁以下=1,35(含)—45岁=2,45(含)—55岁=3,55岁及以上=4	42.79	11.294

续表

类型	变量名称	含义	均值	标准差
控制变量	性别	男 =1，女 =0	0.56	0.497
	家庭规模	家庭人口的具体数量	3.98	0.900
	受教育程度	小学以下 =1，小学 =2，初中 =3，高中/中专 =4，大专及以上 =5	2.33	0.815
	土地流转便利程度	土地流转是否便利，是 =1，否 =0	0.48	0.500
	土地流转租金水平	土地流转租金，低于 1000 元/亩 =1，高于 1000 元/亩 =0	0.71	0.452
	承包地面积	家庭承包地总面积（亩）	5.16	4.775
	非农劳动技能	是否掌握非农劳动技能，是 =1，否 =0	0.34	0.475
	就业偏好	体力劳动 =1，脑力劳动 =0	0.52	0.500

（二）模型构建

为对比分析农民对于不同农地退出补偿方式的偏好，对三种农地退出方式进行联合估计，需要采用 MvProbit（Multivariate Probit）模型，该模型可同时处理多个二元选择①。由于一共有三种退出方式，模型具体设定形式为：

$$y_{1i}^* = \beta_1 x'_{1i} + \varepsilon_{1i}$$
$$y_{2i}^* = \beta_2 x'_{2i} + \varepsilon_{2i}$$
$$y_{3i}^* = \beta_3 x'_{3i} + \varepsilon_{3i} \quad (4-2)$$

被解释变量的方程设定为：

$$y_m = \begin{cases} 1, & y_m^* > 0 \\ 0, & y_m^* \leq 0 \end{cases}, \quad m = 1, 2, 3 \quad (4-3)$$

式中：$m = 1, 2, 3$ 分别为土地换现金、换保障、换股权这三种退出方式；x'_{mi} 为农民农地退出补偿方式偏好的影响因素向量；ε_{mi} 为服从多元正态分布的误差项。

---

① 温忠麟等：《中介效应检验程序及其应用》，《心理学报》2004 年第 5 期。

二 实证结果分析

实证结果显示，在三种退出方式中，就业偏好变量均显著且系数为负，即期望进城从事体力劳动的农民更容易接受上述三种退出方式，期望进城从事脑力劳动的农户农民接受上述三种退出方式的比例分别为38.2%、36.6%和52.7%，退出积极性不高。

在"土地换现金"退出方式下，随迁意愿、性别、土地流转便利程度、就业偏好变量会对农民农地退出意愿产生显著影响。结合系数讨论，可以得到更加具体的结论。随迁意愿变量的系数为正，即有意愿随子女进城的农民容易接受"土地换现金"补偿方式。性别变量的系数为正，即男性农民更容易接受"土地换现金"补偿方式。土地流转便利程度变量的系数为正，即在土地流转便利的地区农民更加偏好现金补偿。

在"土地换保障"退出方式下，随迁意愿、性别、土地流转租金水平、非农劳动技能、就业偏好变量会对农民农地退出意愿产生显著影响。随迁意愿、性别变量的系数为正，即有意愿随子女进城的农民、男性农民也容易接受"土地换保障"补偿方式。土地流转租金水平系数为负，即土地流转租金越高农民对于社会保障的需求越低，这比较契合机理分析中的农地功能价值诉求观点，较高的土地流转租金水平使农地实现了保障性功能，农民的保障性功能诉求被弱化。非农劳动技能系数为正，即掌握非农劳动技能的农民具有更强的"土地换保障"意愿，此类农民具有更强的非农就业能力，对于农地就业功能的诉求自然减弱。

在"土地换股权"退出方式下，土地主要用途、土地流转便利程度、进城就业意愿、就业偏好变量会对农民农地退出意愿产生显著影响。土地主要用途变量的系数为正，即从事粮食作物种植的农民有意愿将土地交由集体经济组织经营，这可能与粮食作物种植的规模经济效应相关，该效应已被大量实践证实，农民对此普遍认可。调研中发现，大棚蔬菜、马铃薯、山药等高附加值经济作物的种植需要丰富的经验及技术，农民普遍认为以家庭为单位种植此类作物更具优势。进城就业意愿的系数为正，即具有非农化就业意愿的农民更容易接受"土地换股权"的补偿方式。农地价值和农民进城意愿对退出补偿方式偏好影响的检验结果如表4-5所示。

表4-5　　农地价值和农民进城意愿对退出补偿方式偏好影响的检验结果

变量名称	土地换现金	土地换保障	土地换股权
亩均农业收入	0.0335 (0.0704)	0.0136 (0.0692)	0.0702 (0.0870)
交通便利程度	-0.219 (0.178)	-0.0298 (0.178)	-0.0850 (0.178)
土地主要用途	-0.0626 (0.125)	0.124 (0.125)	0.225* (0.125)
养老保险	0.180 (0.139)	-0.126 (0.138)	-0.0593 (0.142)
医疗保险	-0.155 (0.181)	-0.0541 (0.178)	0.285 (0.177)
随迁意愿	0.297* (0.152)	0.341** (0.152)	-0.121 (0.150)
进城就业意愿	0.0689 (0.143)	0.192 (0.142)	0.727*** (0.141)
进城居住意愿	0.0863 (0.134)	0.0506 (0.135)	0.0537 (0.135)
年龄	-0.00419 (0.00575)	0.00396 (0.00569)	-0.00389 (0.00575)

续表

变量名称	土地换现金	土地换保障	土地换股权
性别	0.215* (0.122)	0.212* (0.122)	0.193 (0.123)
家庭规模	0.0203 (0.0707)	-0.0212 (0.0700)	-0.105 (0.0698)
受教育程度	-0.0619 (0.0611)	-0.0312 (0.0605)	-0.0584 (0.0607)
土地流转便利程度	0.307** (0.136)	0.187 (0.132)	0.599*** (0.133)
土地流转租金水平	-0.0257 (0.134)	-0.607*** (0.134)	-0.119 (0.141)
承包地面积	-0.00178 (0.0125)	-0.00219 (0.0125)	-0.00895 (0.0124)
非农劳动技能	0.165 (0.128)	0.323** (0.128)	0.0122 (0.132)
就业偏好	-0.0511* (0.0309)	-0.0951*** (0.0317)	-0.0993*** (0.0304)
常数项	-0.341 (0.564)	-0.220 (0.549)	0.187 (0.569)
样本量	507	507	507

注：因不考虑60岁以上受访者的就业意愿，故进入方程的有效样本为507。Log likelihood 值为-804.69，Wald chi2（41）为172.45，各方程间的误差项相关系数都通过了1%的显著性检验，表明 MvProbit 模型是适用的。括号内为参数的标准误，***、**、* 分别代表在1%、5%和10%的水平上显著。

本章小结

本章主要探讨了农地价值对农民进城意愿以及农民农地退出补偿方式偏好的影响。

在区域城镇化水平差距客观存在和农户分化加速的现实背景下，将农民的进城意愿细分为进城就业意愿和进城居住意愿，具有较强的现实合理性。实证研究的结果分别揭示了以下影响机制。就进城就业意愿而言，种植粮食作物的农户有更强的进城就业意愿；如果子女进城农民会有较强意愿进城就业；富余劳动力更多的农户进城就业意愿较强。就进城居住意愿而言，种植粮食作物的农户进城居住意愿较弱；持有养老保险和便利的土地流转市场会促进农民进城就业。特别是主要种植粮食作物的农民，其进城就业意愿较强而进城居住意愿不高，可能是由于粮食作物经营回报率偏低导致农民无法获得城镇化所需的启动资金。总体来看，农地价值对农民进城意愿存在一定影响，较低的农业经营收入会促进农民进城就业而抑制其进城居住意愿，农民进城居住意愿还受到子女进城与否、土地流转收入等因素影响。

农民对农地的价值诉求难以避免地影响到其农地退出补偿方式偏好。数据搜集的结果显示，农民最为偏好以土地换取集体经济组织股权，即享有农地所衍生的经营收益并实现代际传承；其次偏好本代人享受社会保障；接受比例最低的是一次性获得现金补偿并退出农地。实证研究的结果较为清晰地揭示出以下结论，即农民对于农地价值的差异化诉求直接影响其退出补偿方式偏好。愿随子女进城的农民对于"土地换现金"和"土地换保障"方式的接受度较高，反映出对进城所需资金和社会保障福利的诉求；掌握非农就业技能的农民更倾向"土地换保障"方式，体现了其农地就业功能诉求的弱化；所持有土地流转租金较高的农民则不愿接受"土地换保障"方式，意味着农地保障性功能诉求的弱化；具有进城就业意愿的农民更倾向"土地换股权"方式，体现出对农地财产性功能的诉求。

第五章　中国农地退出的主要模式与典型案例

中国农地退出政策作为在实践中发展的制度创新，是对不断变化的现实需求的响应，各地立足自身实际开展了多项退出模式创新，形成了不同的退出路径和补偿方式。本章将沿着农地实物期权价值的主线，对现阶段典型的农地退出试点模式进行比较研究，着重探讨不同退出模式对农地价值的认知与界定、农地价值的具体体现和补偿机制设计的核心框架，以期为后续章节政策讨论和路径设计提供支持。

第一节　中国农地退出实践的阶段划分

从时间维度来看，实践中的土地承包经营权退出经历了多个发展阶段，由最初与农村集体组织身份绑定的被动退出，到农村户籍制度改革进程中的转户退出，再到国家级农村改革试验区建设过程中政府引导下的模式创新。

一　被动退出阶段：与农村集体组织身份的深度绑定

土地承包经营权是中国现行农地制度框架中的核心权利。从创设之初,土地承包经营权就是基于农民身份的权利。1978年中国确立家庭联产承包责任制,1982年《中华人民共和国宪法》对农村集体土地所有权予以认定,这一制度设计默认了承包经营权与农村集体组织身份的绑定。在相当长的时期内,户籍制度对农民进城落户进行了严格限制,"农转非"是其主要渠道。例如,1978年全国干部职工的农村家属迁入市镇的为32.9万人,迁入县城集镇的为20.3万人。① 由农业人口转为城市户口时,农民必须将农地永久退还给村集体,土地承包经营权被动丧失。《中华人民共和国农村土地承包法》(2003年3月1日起施行)第二十六条规定:"承包期内,承包方全家迁入设区的市,转为非农业户口的,应当将承包的耕地和草地交回发包方。承包方不交回的,发包方可以收回承包的耕地和草地。"

在这一阶段,农民退出承包地主要为"被动退出"方式,如因征地丧失土地或举家转为非农业户口。同时,由于城乡社会就业、社会保障等福利的巨大差距,退出承包地被作为转为城镇市民身份的前置条件,无须进行专门政策引导或给予补偿。

二 转户退出阶段:农村户籍改革进程中的配套政策

在农村户籍制度改革试点中,地方政府推动农民自愿退出土地承包经营权以获取城镇户籍和相应社会保障,农地退出政策本质上仍是一项从属性、配套性政策。1996年以来,中国城镇化加速发展的特征十分明显。"九五"时期、"十五"时期和"十一五"时期,城镇化率年均分别递增了1.43、1.35和1.39个百分点;2011年,中国城镇化率达到51.27%,城镇常住人口首次超过

---

① 国务院:《国务院批转公安部、粮食部关于严格控制农业人口转为非农业人口的意见的报告》,1979年6月26日。

农村人口。① 2021年，中国常住人口城镇化率达到64.72%②，城镇化已进入高速发展的中后期。在城镇化高速发展期内，多地开展了引导农民自愿退出承包地和宅基地的农村户籍制度改革探索，并取得了显著效果。典型的有成都温江区2006年推出的"双放弃"、重庆市2010年推出的"退三进五"、陕西省2010年前后在全省范围内推进的举家进城落户农民退出承包地、宅基地等。上述政策设计的共同点是，农民自愿退出土地承包经营权以获得城镇户籍和城镇化所需的各项资源，并且改革均是在较大范围内实施的。

在这一阶段，农地退出是农村户籍制度改革的重要配套措施，放弃土地承包经营权与退出农村户籍和获得城镇户籍同步进行，农民的自主选择空间相对较小，退出方案的个性化程度不高。

三 引导退出阶段："离农""离地"农民的土地资源再配置

随着城乡户籍制度改革的深化和农村土地制度改革的推进，承包经营权逐步与农民身份"松绑"，农民退出承包权的制度性约束逐渐转变为经济性约束。

在政策层面，随着"农业"和"非农业"二元户籍管理模式的结束，国家进一步明确保护进城农户的土地承包经营权。2014年，《国务院关于进一步推进户籍制度改革的意见》提出"建立城乡统一的户口登记制度"，标志着"农业"和"非农业"二元户籍管理模式的结束。该《意见》同时提出，进城落户农民是否有偿退出"三权"，应根据党的十八届三中全会精神，在尊重农民意愿的前提下开展试点。2016年中央一号文件明确提出，支持引导进城落

---

① 张占斌：《新型城镇化的战略意义和改革难题》，《国家行政学院学报》2013年第1期。

② 国家统计局：《中华人民共和国2021年国民经济和社会发展统计公报》，2022年2月28日。

户农民依法自愿有偿转让土地承包权。2021年中央一号文件提出，保障进城落户农民土地承包权、宅基地使用权、集体收益分配权，研究制定依法自愿有偿转让的具体办法。2023年中央一号文件再次强调，保障进城落户农民合法土地权益，鼓励依法自愿有偿转让。

在人地关联层面，农民与农地间的关联方式加速演变。在农村人口转移的过程中，农民身份与土地经营活动逐渐分离。现行农村土地制度构建了农民与农地间的合理关联，并成为推进城镇化的积极要素。[①] 外出务工农民仍然可以获得承包耕地，并可通过土地流转方式获取额外的收入。土地流转实质上是一种基于土地流转合同约束的、不与农民身份转换相挂钩的短期性的农地经营权退出，也是对农地资源的一种自发性优化配置。

与此同时，中国农业规模化经营和现代化发展的长期农地需求，仍需要通过"长期退出"或"永久退出"的农地退出政策解决。近年来，按照全国改革试验区任务要求，四川、重庆、宁夏等地开展了相关试点并取得了积极成效。例如，作为经济发达地区的典型代表，苏州高新区开展了社区型股份合作社、引入社会资本、承包土地与宅基地"双地退出"等一系列农民土地承包经营权退出机制探索。随着农业农村领域的进一步发展，仍有必要结合各地实际，继续深入探索土地承包经营权的有偿退出机制。

在这一阶段，农地退出实现了与户籍制度脱钩，其资源配置作用更加突出。土地承包经营权有偿退出机制迫切需要进行更深层次的设计。如何解决现代农业的土地规模化经营需求和进城农民出于诸多诉求形成的土地保有意愿之间的矛盾，已成为实现农业现代化亟待解决的现实问题。在现行制度框架内，兼顾各参与方利益，形成公平、

---

① 吴秋菊：《集体所有制视域下农地"三权分置"改革研究》，《学习与探索》2018年第12期。

合理、可操作的农地退出机制特别是补偿机制,极具现实意义。

第二节 农地退出试点的主要模式

在实践中,各地形成了多种各具特色的农地退出模式,归纳起来,可划分为"土地换户籍""土地换现金""土地换保障""土地换股权"等类型。

一 "土地换户籍"模式

从严格意义上讲,农村户籍制度改革中的"土地换户籍"的探索与本轮农地退出机制改革所面临的外部条件和制度环境均存在较大差异,应予以区分。但是,由于上述探索在引导农民自愿退出土地承包经营权方面形成了具有较强借鉴意义的措施,能够为现阶段农地退出机制设计提供有益借鉴,本节将其列为一种典型模式。

(一)四川省成都市温江区"双放弃"试点

四川省成都市温江区2006年推出"双放弃",市郊农民放弃土地承包经营权和宅基地使用权,获得城镇户籍并享受社会保障。2006年,该区出台《关于鼓励农民向城镇和规划聚居区集中的意见(试行)》《关于放弃宅基地使用权和土地承包经营权农民参加社会保险实施细则(试行)》等一系列文件,推动农民离地进城。在进城农户选择方面,要求农户年人均纯收入必须达到5000元以上,其中80%以上来自非农产业,确保农户有能力承受城镇社保的缴费水平;同时优先考虑城区规划的优先发展区、城市的基础设施建设即将延伸的区域、在"拆院并院"过程中整体成片集中区等特定区域的农民。[①] 在

---

① 参见《领导决策信息》2007年第38期。

补偿方案方面，自愿退出承包经营权和宅基地使用权的农民可以获得三部分补偿：以征地制度为参照的货币补偿、以城镇居民待遇为参照的社会保障、购买指定区域住房时享受相应的价格优惠。①

（二）重庆市"退三进五"试点

重庆市2010年农村户籍制度改革试点中对农民退出土地承包经营权进行了现金或实物补偿。2010年，该市颁布了《关于统筹城乡户籍制度改革的意见》等一系列文件，计划用十年左右时间使城镇户籍人口比例提升到60%以上、新增城镇居民700万人。②

在推进过程中，农民自愿退出农地相关地权以获得城市居民身份，其权益的交换简称"退三进五"。"退三"是指引导转户农民自愿且有缓冲、有保留、有补偿地退出三项农村地权（农村土地承包经营权、农村宅基地使用权、农村林地使用权）。但同时设立三年过渡期，允许农民在获得城镇户籍后最长三年时间内保留上述权利，并在过渡期结束后按照依法自愿原则处置农民所保留农村地权。除上述地权外，农村居民转户后还可保留农村计划生育政策、农村各项补贴等身份性权益。对于农民自愿退出的农村地权，按照本轮承包期内剩余年限内同类土地平均流转收益标准或地票政策进行现金或实物补偿。"进五"是指农村居民转户后可享受城镇的就业、社保、住房、教育、医疗政策。"退三"与"进五"同时到位，令落户农民与城镇居民享有同等待遇。③

（三）陕西省"城市居住制度"试点

陕西省2010年左右也在全省范围内推进了举家进城落户农民

---

① 王瑞雪：《"双放弃"：游走在现行制度边缘的创新——对"双放弃"制度的评析与思考》，《调研世界》2009年第6期。
② 张力：《地权变动视角下户籍制度改革的法律规制》，《法学》2012年第9期。
③ 张力、杨绎：《人口城镇化背景下农民自愿退出农村地权的法律规制》，《江西财经大学学报》2018年第3期。

退出承包地、宅基地工作。2010年，陕西省印发《关于加大力度推进有条件的农村居民进城落户的意见》，探索进城且保留宅基地、承包地农民的"城市居住制度"，通过制度设计鼓励举家在城镇居住生活的农民自愿退出宅基地和承包地。一方面，对举家在城镇居住生活，但仍在农村继续保留宅基地、承包地，享受农村优惠政策者，实行城市居住制度；除未分配承包地的子女可享受城市教育、医疗、就业等政策待遇外，其余人员不享受城镇居民政策待遇。另一方面，对举家迁入城镇并自愿退出原有宅基地和承包地的给予一次性经济补助。退出的宅基地转为耕地，当地政府按照当地土地征用的平均价格给予一次性的经济补助，主要用于农村居民在城镇落户时的住房补贴；退出的承包地由集体流转，按当地流转费用加农业直补的平均值以10年计算给予一次性补贴，主要用于农村居民在城镇落户后的医疗、养老保险等费用补贴。①

二 "土地换现金"模式

"土地换现金"是操作相对简便的农地退出模式，通常出现于土地撂荒情况严重的"空心"村庄。由于农民已自发"离农""离地"且返乡务农的可能性较低，对于承包地的就业保障功能需求很低，因此更容易接受一次性支付的现金补偿。

（一）重庆市梁平县的农民自发尝试

2014年3月，梁平县蟠龙镇义和村农民自发进行了承包地退出的尝试。该村20户农民自愿退出15亩撂荒承包地，并将其转让给外村专业大户首小江。首小江把户口从原村迁至义和村，经成员代表大会民主表决后成为本集体成员，每亩向集体交纳3.45万元的

---

① 陕西省人民政府：《关于加大力度推进有条件的农村居民进城落户的意见》(陕政发〔2010〕26号)，2010年7月10日。

承包费用,以《中华人民共和国农村土地承包法》规定的"其他方式"承包该地块50年。退地农户拿到每亩3万元的补偿,村集体获得了每亩0.45万元的管理收益。2015年,当地政府为首小江办理了农村土地承包经营确权发证。[①]

该项自发探索实施时,梁平县尚未被确定为全国农村改革试验区,通过为土地受让人确立村集体成员身份的方式,农民承包地自发退出和转让过程有效规避了法律风险。尽管上述承包地退出和承接方式难以大规模推广,但仍应注意到,与土地流转渠道获得土地相比,本案例中的土地受让者的土地经营权权属更清晰、期限更长、确定性更强,匹配了专业大户的稳定、长期的农地需求。

(二)重庆市梁平县的"退零换整"与"定制用地"探索

2016年年初,重庆市梁平县礼让镇川西村、屏锦镇万年村开展了以户为单位的长期"离农""离地"农民承包地退出试点。梁平县土地流转总面积为49.3万亩,流转比例达50.7%,农业人口72万人,其中超过四成常年外出。万年村土地流转率达90%,80%—90%的劳动力从事非农工作,30%的劳动力去县外打工。川西村土地流转率达到82%,共有23个新型农业经营主体。

川西村实行"整户退出、集中使用"模式。农民整户退出农地的前置条件是,有稳定的职业或收入来源,户主本人在本集体经济组织以外有固定住所或户主子女有城镇住房。对于退出的土地,通过"小并大、零拼整"或"确权确股不确地"等方式集中,以便对外发包。万年村实行"部分退出,定制用地"模式。农民整户退出同样需要满足收入来源和住所等前置条件。该村试点与川西村的区别在于,承接土地的业主看中某一块地后,涉及该地块承包经营

[①] 张云华、伍振军、刘同山:《农民承包地退出的梁平试验》,《中国老区建设》2017年第2期。

权的农户、村民组、承接业主三方共同商定退地价格、用地方式等事宜，农户只需要退出部分承包地即可。①

该县的两种实践探索建立在较高的人地分离比例和发达的土地流转市场基础之上。对于长期外出务工农民和已在城镇有固定住所乃至住房的农民而言，参照长期土地流转租金标准的现金补偿方式实现了农地的财产性价值，较易为农民所接受。同时，对于整户退出农地的农户进行收入来源和住所的限定，能够较好地规避农地退出带来的社会风险。

（三）四川省内江市的"长期退出"与"永久退出"并行

2014年，四川省内江市龙门镇龙门村开展了土地承包经营权"长期退出"与"永久退出"并行的农地退出模式试点。其中，长期退出模式具有过渡性、缓冲性的特点，调动了农民农地退出积极性。

该试点明确提出，土地承包经营权和集体经济组织成员权独立，退出农地的农户仍保留各项集体经济组织成员权、宅基地使用权和集体资产收益权。就农地退出方式而言，永久退出是指农户将土地承包权退回给集体经济组织，不再要求土地承包权、不再保留承包土地的权利；长期退出是指农户将第二轮承包期内剩余期限的土地承包权退还给村集体，但保留在第三轮土地承包期内的土地承包权利。内江市参考土地流转价格和土地预期产值制定了指导价格，农民与村集体协商确定补偿标准，补偿方式为现金补偿。②

该退出模式的形成与当地的经济社会发展水平、城镇化程度、

---

① 参见《领导决策信息》2016年第35期。
② 郭晓鸣、高杰：《我国农村土地承包权退出的地方探索与基本判断——基于四川省内江市的改革实践》，《国土资源科技管理》2017年第2期。

农民兼业程度、农民认知等因素均有密切关联。由于社会保障水平未达预期、非农就业不确定性较强、较多农民存在"恋土情结"等原因，试点方案中采取了长期退出与永久退出并行的折中办法。长期退出模式本质上是更长期限、更加稳定的土地流转，并非严格意义上的农地退出，但仍具有启示意义。一方面，该方案在试点村的接受度较高，退地农民普遍选择了长期退出模式，反映出当地农民对于永久退出农地的更高诉求以及对于彻底"离农""离地"的顾忌；另一方面，相比土地流转，长期退出模式能够更好地满足土地规模经营主体需求，具有较强的推广借鉴价值。

三 "土地换保障"模式

"土地换保障"模式需要较大的投入，资金来源问题是该模式运行的核心。浙江省嘉兴市"两分两换"、上海市松江区农民"退地增保障"和江苏省苏州市吴中区"农地转城保"是较为典型的"土地换保障"试点案例。

（一）浙江省嘉兴市"两分两换"

2008年，浙江省嘉兴市在该省统筹城乡综合配套改革试点中推出了"两分两换"土地整治模式，农民退出土地承包经营权以换取保障是其中重要的创新措施。该市经济发展水平高、城镇化程度高，2009年全市农民人均纯收入达到11000元，是全国平均值的2.1倍。农民"离农""离地"程度高，80%以上的农民不再以农业生产为主，80%以上的农户收入不再直接来自农业。

"两分"，是指将宅基地使用权和土地承包经营权分开处理，将农房搬迁安置和宅基地、耕地流转分开处理。"两换"，是指以宅基地置换城镇房产，以土地承包经营权置换社会保障。此外，该市在"土地换保障"方面已有实践经验积累，其作为首批征地制度改革试点城市之一,有24.5万被征地农民纳入社会保障,10.5万人按月领取社会养老金。①

嘉兴市的实践试点有三个特点。一是明确以土地承包经营权置换社会保障,而非与宅基地使用权捆绑退出。这与其农村地区经济发达而引致农民在村居住需求直接相关,"两分"更加契合该地区农民诉求,提高了农民退出土地承包经营权的积极性。二是以农地退出作为土地整治的重要环节。该市每年存在1.3万亩的建设用地缺口,且毗邻上海具有明显的区位优势,地方政府开展土地整治的操作空间较大。三是该市雄厚的地方财力能够较好地解决资金难题。政府为退地农民提供"参保"补助、养老保险、每月生活补助、失业保险、免费就业培训等一系列福利。②

(二)上海市松江区老年农民"退地增保障"

上海市作为中国最发达的地区之一,存在农村人均耕地面积少、城乡界限模糊、郊区农民老龄化趋势明显等特征。截至2015年年底,上海市农村常住居民人均可支配收入达23205元,其中经营性净收入仅占6.3%;崇明县、奉贤区、松江区户籍人口年龄在60岁及以上的分别占32.6%、28.9%、26.2%,远超全国平均水平。③松江区作为典型的大城市郊区,人地分离情况突出,2000年总人口中纯农户只占9.3%。

2007年左右,松江区为解决农村劳动力非农化等问题,探索建设了"集体村社型家庭农场",农户自愿将土地承包经营权交回村集体并获得流转费,到2016年年末全区家庭农场面积已占粮田面

---

① 徐保根、杨雪锋、陈佳骊:《浙江嘉兴市"两分两换"农村土地整治模式探讨》,《中国土地科学》2011年第1期。
② 扈映、米红:《经济发展与农村土地制度创新——浙江省嘉兴市"两分两换"实验的观察与思考》,《农业经济问题》2010年第2期。
③ 根据《2016年上海统计年鉴》计算得出。

积的 95%。① 2015 年下半年，该区开展了老年农民退出土地承包增保障的改革试点。从 2016 年起，老年农民整户退出土地承包的，在给予每人每月 860 元农村养老保障金的基础上，由区财政每月再补贴 664 元，合计 1524 元，使老年农民每月收入达到上海城镇居民保险相同的水平。其中，整户退出承包地的中青年农民不享受老年农民社会保障补贴政策，仅享有土地流转费，2029 年二轮延包结束后仍享有承包权利。②

该项试点得以持续运行取决于多项特殊因素。一是"集体村社型家庭农场"的普及和发展，为退地农民提供了稳定的土地流转租金收入。截至 2016 年年底，该区家庭农场户均经营面积 143.3 亩，水稻亩均净收入 973 元，家庭农场主平均年龄 48 岁。③ 二是大城市郊区具有很强的地方财政支付能力，为老年农民提高保障水平提供了充足的资金来源。其制度框架中，老年农民"退地增社保"和中青年农民退地保留未来承包权的措施并行，相对缓解了财政补贴压力。三是具有很高的农村劳动力非农就业比例，避免了土地实现规模经营后农村劳动力过剩加剧的问题。

（三）江苏省苏州市吴中区"农地转城保"

2004 年以来，苏州市吴中区在城乡一体化综合配套改革中探索了农民市民化的可行路径，其中为失地农民、未失地农民和入股合作社农民提供了"农地转城保"的城镇社会保障，也属于典型的"土地换保障"模式。

---

① 刘守英、熊雪锋、龙婷玉：《集体所有制下的农地权利分割与演变》，《中国人民大学学报》2019 年第 1 期。
② 方志权、张晨、张莉侠、楼建丽：《农村土地承包经营权退出意愿与影响因素——基于上海四区 1255 份农村调查问卷的分析》，《农村经营管理》2017 年第 11 期。
③ 刘守英、熊雪锋、龙婷玉：《集体所有制下的农地权利分割与演变》，《中国人民大学学报》2019 年第 1 期。

对于失地农民，该区将其纳入城镇社会保险体系，区、镇两级财政补贴和个人共同交纳保费。总交费比例为28%，剩余劳动力个人（指男性16—45周岁，女性16—35周岁）承担14%，保养人员（指男性45—60周岁，女性35—55周岁）个人承担8%，其余费用由财政补贴。到2009年改革进入第二阶段，实践操作中未失地农民同样可以享受城镇社会保障，由区、镇财政和个人共同交费，农民可以继续耕种土地。其代价是农民交出土地权证，待后续土地征收时须无条件退出农地。此外，该区试点了"股权换保障"的特殊形式，农民将入股在土地股份合作社的土地承包经营权让渡给国家或集体，以此换取社会保障。吴中区横泾街道的标准是，农村老年人（男60周岁以上，女55周岁以上）无须缴费即可按城保待遇享受每月510元养老金；农村保养人员[①]用股权置换15年的城保基本缴费年限，并享受每月120元的补贴直至退休；农村剩余劳动力用股权置换9年的城保缴费年限，并享受每月120元的补贴，期限为10年；16周岁以下的被扶养人可以享受每月50元的补贴，期限为10年。[②]

该项试点基于苏州市吴中区的经济发展水平、农民非农就业情况和土地股份合作社发展情况等因素，其政策设计具有覆盖面广、准入门槛低、与农民宅基地退出脱钩等优势，有望作为解决进城就业农民社会保障诉求的可行路径。但是，该项政策的推进对区、镇两级财政补贴能力和农民个人保费缴纳能力均提出了较高要求，其可推广性和可持续性仍需要进一步验证。

[①] 保养人员即征地保养人员，是指按《苏州市征地补偿和被征地农民基本生活保障试行办法》（2004年）、《苏州市市区征地补偿和被征地农民基本生活保障实施细则》（2004年）的规定实行基本生活保障、按月领取生活补助费和征地养老金人员。

[②] 陈建兰、顾靖燕：《土地换保障：城乡一体化背景下的农保转城保实践——以苏州市吴中区为例》，《农业经济》2016年第5期。

四 "土地换股权"模式

"土地换股权"模式的界定存在一定分歧。农民以土地承包经营权入股合作社或规模经营主体并签订长期合约，按照持有股份的比例共担风险共享收益，从形式上看属于农地长期退出的表现形式，但实质上仍属于土地流转的范畴。

（一）承接土地入股的不同载体

村集体经济组织与农民的经济联系最为密切、信誉最高，因此是最常见的承接载体。四川省内江市的"退出换股份"试点是村集体经济组织承接农民土地入股的典型案例。农民将土地承包经营权退还村集体经济组织，由后者按照土地规模向农民颁发股权证，村集体经济组织对土地整合后，以出租、联营、自营等方式获得收益，农民根据股权证所载份额获得分红。① 与之类似的是，四川省成都市崇州市土地股份合作社聘请职业经理人从事专业化经营。

在村集体引导下成立的各类农业股份合作社也是常见的承接载体。以贵州省六盘水市水城县勺米镇坡脚村的集体产权制度"三变改革"为例，村支两委成立了民裕种养殖农民专业合作社发展茶叶种植产业，农户以土地、资金等入股合作社，按股份获得分红，2014年116户农户430人共获得土地租金收入46万元。② 也有一些地区，农民直接以土地入股农业企业为代表的规模经营主体。苏州市的"合作农场"则是较上述三种载体更为稳定的组织形式。

---

① 丁延武、王萍、郭晓鸣：《不同禀赋农民土地承包经营权有偿退出机制研究——基于四川省内江市市中区的经验和启示》，《农村经济》2019年第9期。
② 孔祥智、穆娜娜：《农村集体产权制度改革对农民增收的影响研究——以六盘水市的"三变"改革为例》，《新疆农垦经济》2016年第6期。

(二) 江苏省苏州市的"合作农场"探索

1999年以来,苏州市积极以土地承包经营权流转推进现代农业发展。到2012年,土地承包经营权入股已成为其农村土地流转的主要形式。2010年以后,苏州市下辖太仓市、常熟市、昆山市等地试点了合作农场模式。相比农民以土地承包经营权入股土地股份合作社或规模经营主体,合作农场主要由村集体经济组织牵头成立并管理,这一形式具有更强的稳定性。

2010年,太仓市城厢镇东林村的东林合作农场由村"两委"牵头组建,农民以土地入股合作农场,农地实质上由村集体统一经营,具有"政社合一、多组织合一"的特征[①]。在运行过程中,合作农场与分场长(农业职业经理人)签订承包合同,分场长自行雇用专业管理人员开展农业生产。合作农场对农民的土地采用"保底租金+二次分红"的方式进行分配收益。[②] 太仓市璜泾镇荡茜村同样由村"两委"牵头组建临江合作农场,农场设有土地股(农民通过土地承包经营权入股获得)、资金股、人头股、集体股和农机具折价股,农场自行经营土地,农民依据入股土地情况获得"保底租金+二次分红"。[③]

第三节　模式比较与政策启示

一　试点模式的主要特征及适用范围

不同退出模式侧重点有所不同,体现在其主要特征和适用范围

[①] 王晓莉、胡勇:《合作农场:城乡一体化与土地经营主体创新——基于江苏省太仓市东林合作农场的案例分析》,《经济问题探索》2014年第8期。

[②] 何安华:《土地股份合作机制与合作稳定性——苏州合作农场与土地股份合作社的比较分析》,《中国农村观察》2015年第5期。

[③] 何安华:《苏州合作农场与土地股份合作社比较分析》,《农村经营管理》2016年第5期。

的差别上。总体来看,"土地换户籍"模式侧重利用城乡土地价值差额所形成的制度红利,而"土地换现金"与"土地换保障"模式分别侧重满足农户的现金需求和保障需求,"土地换股权"模式则更侧重土地作为生产资料的价值实现。

(一)"土地换户籍"模式

"土地换户籍"模式主要被作为农村户籍制度改革的配套措施,该项改革实施于城乡二元户籍制度尚未打破的时期,自愿退地农民可以享受直接补偿、城镇户籍及其附带福利,参与积极性较高。

这一模式的成功经验在于充分利用城乡户籍制度所附带的福利差距,以有限的政府投入引导农民自愿退地进城。为形成充足的福利差距,四川省成都市温江区、重庆市、陕西省三个试点地区均将土地承包经营权和宅基地使用权捆绑退出。由于农村户籍制度改革时间较早,国家尚未明确保留进城落户农民的土地承包经营权,城镇户籍的吸引力较大,提高了政策的被接受程度。例如,在陕西省的政策设计中,退出承包地的农户既可以享受城镇居民的医疗、就业等政策,又可以获得较大金额的一次性补贴;而不退地者无法享受城镇居民政策待遇。显然,农民会更倾向于自愿退出农地。

在现阶段,土地换户籍模式运行所面临的客观条件已发生巨大变化。一方面,进城落户与退出土地承包经营权之间不再存在必然的逻辑关系,农民持有土地承包经营权以获利的财产性诉求不断增长;另一方面,在户籍制度改革基本完成和城乡基本公共服务加速一体化的背景下,城乡户籍所附带福利差距不断缩小,已难以弥补农民退地的潜在利益损失。"土地换户籍"模式的直接推广价值相应降低,其在推动农民顺利实现城镇化的政策功能和政策效果上则仍具有较强借鉴意义。

(二)"土地换现金"模式

"土地换现金"模式的可操作性和政策设计的灵活性较强,通常适用于农业劳动力非农化比例高、城镇化程度不高、地方财政补贴能力有限的地区。

该模式的形成与农用地供求双方的情况密不可分。一方面,作为农业核心生产资料的土地承包经营权具有天然的价值,现代农业发展背景下的规模经营主体存在对长期稳定土地经营权的旺盛需求,存在向村集体支付现金以获得农地的需求;另一方面,非农就业的农民存在将土地长期流转以获得现金流的需求,相较按年流转,对于一次性支付租金的长期土地流转具有较强的偏好。在供需匹配的前提下,村集体和地方政府引导作为农地供给方的农民将土地交给村集体经济组织,规模经营主体从村集体经济组织获得长期土地经营权的"土地换现金"模式得以运行。

值得注意的是,农民对于永久退出的补偿诉求相对复杂,实践中以现金方式补偿的长期退出比重远大于永久退出。在本轮承包期满后,长期退出农民会重新取得土地承包权,仍将面临相关利益的分配问题。

(三)"土地换保障"模式

"土地换保障"模式主要出现于土地资源相对稀缺的经济发达区域,财政补贴力度和农民收入水平是政策落地的核心影响因素。

鉴于城乡社会保障水平的客观差距,仅依靠土地承包经营权的价值变现难以为永久退地农民提供足够的社会保障补贴,依赖政府投入成为该模式的共同点。受限于财政投入能力,一些地区在小范围内推进了类似政策,例如四川省内江市对农村丧失劳动能力的建档立卡贫困家庭实行整户退出,年满60周岁的贫困人口,每月额外领取180元退地养老金,未满60周岁的贫困人口每月领取100元的困难救助金[①],此类探索并不具备大范围推广的

---

① 杨春华:《适度规模经营视角下的农地制度创新——相关改革试点情况的调查与思考》,《农村经济》2018年第9期。

空间。

从浙江省嘉兴市的试点情况来看,当城镇化水平和非农就业比例达到较高程度时,农民对城镇房产和社会保障的诉求强烈,并成为其永久退出宅基地使用权和土地承包经营权决策的关键影响因素。从上海市松江区的试点来看,当农地的就业保障功能弱化时,农民放弃土地承包经营权以获取与城镇居民乃至城镇职工相同水平社会保障的需求加速凸显。两地试点均揭示出以"土地换保障"模式顺利推进的前提,即当土地承包经营权能换取较高标准的社会保障水平时,方能充分调动农民永久退出农地的积极性。从苏州市吴中区的试点来看,在制度实施期未失地农民需要承担城镇企业职工基本养老保险费交费比例(28%)中的16%,而未参保农民后续参保需要个人承担28%,面临较大的经济压力。①

(四)"土地换股权"模式

"土地换股权"模式的核心是充分利用家庭经营和规模经营之间的收益差额,农民将小块、分散土地入股形成连片土地并交由规模经营主体经营。该模式适用于现代农业发达、农民非农就业比例较高的地区。

从共性来看,前文所介绍的"土地换股权"的几类载体均是以合同形式对农民土地入股行为予以约定的,实质上入股的是土地经营权,不涉及土地承包权的退出问题。即使是以苏州市合作农场为代表的村集体经济组织牵头成立、农民以土地入股的创新形式,仍然具有可逆性特征,与"土地换现金""土地换保障"等永久退出的方式存在本质差异。总体而言,"土地换股权"模式更多的是在规模和期限层面对土地经营权的优化配置,并未涉及农民土地承包

---

① 陈建兰、顾靖燕:《土地换保障:城乡一体化背景下的农保转城保实践——以苏州市吴中区为例》,《农业经济》2016年第5期。

经营权深层次的改革。

二 农地价值认知与补偿标准界定

从农地价值的角度来看,不同退出试点案例对于农地价值的界定存在较大分歧,具体体现在补偿标准的锚定基础、农地经济价值和功能价值在补偿方案中的体现等方面。

(一)补偿标准确立的锚定基础

在实践操作中,补偿标准的确定需要有各方所共同接受的锚定基础,较为常见的是参考农地现状用途经济价值和征地补偿标准,所在地区财政负担能力同样是重要的影响因素。除"土地换股权"模式外,其余三种模式均需要面临确定补偿标准的问题。

在"土地换户籍"模式中,地方政府为引导农民市民化投入了大量资源,农地退出补偿标准普遍较高。在成都市温江区"双放弃"试点中,退地农民获得参照征地标准的现金补偿和参照城镇居民标准的社会保障。在重庆市"退三进五"改革中,退地农民获得本轮承包期内剩余年限内平均流转收益标准的现金补偿或享受等价地票政策,还可享受城镇社保和医疗等政策。陕西省对农民退出承包地的补偿标准是当地流转租金与农业直补总和的 10 倍。

在"土地换现金"模式中,村集体经济组织作为农地退出的主导方,更多倾向于采用市场化方式筹措资金,补偿标准多与土地流转租金水平挂钩。尽管补偿标准均由村集体、农户协商决定,但地方政府通常会设立参考标准。2014 年,重庆市梁平县义和村的农民自发退出撂荒承包地,获得每亩 3 万元的补偿,该标准是由村集体、农户和承包土地的专业大户协商决定的;2016 年,该县川西村、万年村的补偿标准则为原则上不超过征地补偿标准,地方政府提出的补偿指导价为每亩1.4万元。四川省内江市同样由政府提出指导价格,在此基础上村集体与农民进行协商。

在"土地换保障"模式中,地方政府提供了大力度资金支持,导致补偿标准远超过农地产值乃至征地补偿标准。浙江省嘉兴市在城乡综合配套改革试点过程中推进了农民退出承包地,实质上体现了城市对农村的"反哺",补偿标准与农地价值的关联度并不高。上海市松江区财政补贴的主要受益群体为老年农民,但总支出压力仍然较大,截至2017年5月,全区退出农地的老年农民32775名,以此为基数估算,每年财政需要提供额外补贴2.61亿元,相当于2016年度该区一般公共预算财力的1%左右。随着地区经济发展和城镇化水平的提高,城镇社会保险的缴费额不断提高,"土地换保障"模式下的财政补贴和农民资金筹措的压力将不断增大。例如,苏州市2003年12月31日前失地农民的缴费基数是每月540元,2009年10月1日前的缴费基数为每月850元,2021年该市最低工资标准增长到每月2280元[①],财政补贴和农民缴费总额达到每月638.4元,各方资金支出压力均较大。

(二)农地经济价值和功能价值在补偿方案中的体现

"土地换现金"是农地经济价值的货币化体现。农地作为生产资料的市场价值最易为农民所理解和接受,以货币化方式对退出农地农民进行补偿,有助于促进土地资源优化配置。自愿退地农民和规模经营主体各取所需,前者获得土地承包经营权未来收益的资本化价值,后者与村集体直接签订长期土地流转合同,获得稳定、连片的农地使用权,降低了土地流转风险。在这一逻辑指导下,长期退出的补偿标准为农地在本轮承包期内现状用途经济价值的折现

---

① 苏州市人力资源和社会保障局:《关于调整苏州市最低工资标准的通知》(苏人保〔2021〕6号),2021年7月29日。

值，参考土地流转租金水平；永久退出的补偿标准为农地现状用途经济价值和发展权价值的总和，参考国家征地补偿标准。此类试点多发生于距离城市较远、农地价值较低的地区，农民对于农地功能价值的诉求较少，进而愿意接受一次性货币补偿。

"土地换户籍"和"土地换保障"是地方政府对于农地功能价值诉求的部分响应。如本书第三章所述，农地价值是经济价值功能价值的总和。对于相对偏远地区，征地补偿标准已能够覆盖部分农地价值，而在城郊或经济发达地区，农民对于农地的功能价值诉求更加多元，财产性诉求不断凸显，对于补偿方式的需求也更加复杂。在"土地换户籍"和"土地换保障"模式中，地方政府通常需要提供政策优待和大量资金支持，补偿标准远超过农地经济价值，更多的是回应了农民的农地功能价值诉求。地方政府通过将农民纳入城市社会保障体系，充分满足农民对于农地的社会保障等功能价值诉求，在将农民与土地充分解绑的同时，对于农地资源在城乡之间、乡村各产业之间、农业经营主体之间进行了系统的整合优化。

"土地换股权"是农地资源优化配置和农地经济价值实现的有效路径，却并非完整意义上的农地退出。此模式的主要试点案例均为农民将农地转移给规模经营主体（包括村集体、合作社、合作农场等不同形式）经营，规模经营主体向农民颁发股权证明，农民凭股权获得不同比例、不同形式的分红。从形式上看，农民实现了农地的长期退出并获得了高于家庭经营的收益。就农民与村集体经济组织的关系而言，土地承包关系并未产生实质性变化，农民依然保留了在本轮承包期结束后继续承包农地的权利，乃至可能通过股份继承的方式世代享有股权所衍生的收益。从本质上讲，"土地换股权"是农民自愿进行的投资行为，其分红收益不应被视作农地退出的补偿,而是农地投资入股带来的投资收益。

三 农地退出补偿原则的具体体现

国家层面对农地退出机制设计提出了依法自愿有偿的基本要求,而未明确补偿机制设计必须遵循的基本原则。总体来看,试点模式中的补偿标准设立主要遵循市场化等价交换原则,部分模式回应了农民的农地功能价值诉求,这是各方博弈的结果。

在"土地换现金"和"土地换股权"模式中,等价交换原则居于核心地位。由于农民对永久退出承包经营权存在诸多顾虑,在同一试点模式中农地长期退出和永久退出方案并存的情况较为普遍。长期退出通常是农民退出本轮承包期剩余期限的承包经营权以获得一次性补偿,其补偿标准以土地流转租金为基准,认可该补偿报价的农民自愿退出并获得补偿。对于永久退出而言,各地补偿标准差异较大,且与所退出土地的市场价值、预计产生的经济效益正相关,可以推断出等价交换原则在农地退出补偿实践中的核心地位。在"土地换户籍"和"土地换保障"模式中,不同地区的补偿标准不一,补偿标准的确定同样与农地经营收益、土地流转价格、农地供求等因素相关,部分措施满足了农民对于农地的功能价值诉求,也对等价交换原则有所体现。

遵循等价交换原则设计农地退出补偿方式和标准,难以充分满足进城农民的发展需求,同时也难以较好解决农地配置效率低下问题,尚存在一定的优化空间。如何以科学的补偿机制实现对农地诸多功能的替代,应作为农地退出机制设计的核心问题。在等价交换原则指导下以纯粹市场化定价的方式提供农地退出补偿,仅能部分替代农村土地的保障功能,难以体现农村土地发展性功能,因此很难推动进城落户农民大规模地进行永久性土地退出。需要进一步细化农地退出补偿政策设计的原则,充分发挥其引导农民自愿退出承包经营权的作用。以功能替代原则作为补偿标准的奉行原则,在操作层面更加灵活且更易为各利益相关方所接受。下一章将对该问题进行系统阐述。

第六章 农地退出补偿的政策探讨

现阶段农地功能的复杂化多元化演变趋势应作为中国农地退出机制设计的重要背景和前提。随着农地退出机制理论与实践的创新发展，依法自愿有偿的退出原则已经明确，有偿性原则如何体现、补偿标准应遵循何种原则等问题正在成为政策讨论的焦点。在这一研究领域，鲜有文献从农地功能视角探讨农地退出的补偿原则问题。本章结合现阶段农地退出政策的设立初衷和核心目标，分析等价交换原则下推动农地退出所面临的现实困境，提出基于功能替代原则设计农地退出机制的政策意义与实践价值，进而探讨农地退出机制中补偿方式的选择。

第一节 农地退出的政策初衷与等价交换原则下的现实困境

探讨农地退出政策的政策初衷，不仅是设立分层次分阶段政策目标以及明确其最终政策目标的前提，更是评价各项退出模式适用性和推广性的关键。

一 现阶段农地退出的政策初衷和核心目标

从现实层面来看，农地退出政策响应了进城农民和土地规模经营主体的需求。一方面，农村土地的保障性功能不断弱化。农村人口持续向城市转移、农业劳动力向非农领域转移，农地的就业供给和基本保障功能逐步弱化，"离地""离农"农民的财产性诉求加速显现①。另一方面，现代农业发展对土地规模化供给提出了更高要求。土地流转作为经营主体与农户间相对短期的契约行为，已难以与现代农业生产的规模效应、高投资强度、长回报周期等特征相匹配。为解决上述矛盾，需要充分考虑农民的保障、就业、财产等多方面诉求，同时尽量满足土地规模经营主体获得连片土地的成本控制需求，引导农民自愿有偿退出成为可行的政策选择。

从政策定位来看，农地退出应当作为保障进城落户农民发展机会的阶段性政策。国家大力保障进城落户农民土地承包权并建立自愿有偿退出机制，更多是出于解决城乡发展二元结构历史遗留问题的考虑。农地退出应作为实现城镇化进程平稳推进的兜底性政策，而非主要为成功市民化的农民提供世代享有的收益。由于城乡发展的差距，进城落户农民实现市民化的物质基础相对薄弱。通过保留承包经营权，农民可在承包期内获得农地流转收益，并保留返乡务农的机会，农村转移人口市民化的风险和成本得到有效降低。值得注意的是，尽管一些地区保障农民市民化所需的成本较低，农地退出政策仍应提供不低于农民保留承包经营权所获得的收益，否则必然难以推进。

二 以等价交换原则推进农地退出面临的困局

基于等价交换原则设计补偿方案，首先需要评估农民所让渡承包经营权的市场价值，进而为农民提供等价的财产性或保障性补

---

① 罗必良：《农地保障和退出条件下的制度变革：福利功能让渡财产功能》，《改革》2013年第1期。

偿，本质上是将土地未来收益贴现至当前并预支。以该原则设定补偿标准具有一定合理性，易为各方所理解和接受，但其对于农地退出的引导作用薄弱，并可能导致两个方面的负面影响。

一方面，地方政府或村集体推动农地退出的积极性与农民农地退出偏好难以匹配。在等价交换原则下，决定农地退出政策实施与否的是现状用途经济价值而非人地分离情况，难以解决农地配置效率低下的问题。农地大范围退出可以为农业规模经营主体提供长期稳定的土地使用权，对于推动农业规模化经营的积极作用显而易见。但是，在等价交换原则下决定农地退出政策实施与否取决于农地现状用途经济价值和发展权价值。在实践中，农地退出的补偿资金来源主要有政府垫资、村集体出资和土地流转转入方出资等渠道。土地流转转入方不能够改变耕地用途，因此仅愿支付农地现状用途经济价值，很多转入方将农地改种经济作物以获得更高收益。为了达到等价交换所需的补偿标准，通常需要地方政府垫付农地发展权价值。农地发展权价值的兑现条件苛刻、不确定性强、时间周期长，容易导致地方政府或村集体推动农地退出的积极性不高。对于土地经营收益较高的区域而言，土地流转价格相对更高且流转更加便利，农民退地积极性不高，社会资本和地方政府推动土地连片经营的积极性却较高。最终导致等价交换原则下的农地退出政策局限于个别试点区域，难以大范围推广。

另一方面，按照市场价值确定的农地补偿标准较低，无法全面替代农地实际功能，难以充分满足农户发展需求。在等价交换原则下，不同农地的经济价值差距较大，补偿标准的差距客观存在。特别是对于地理位置不佳的部分"空心村""空壳村"而言，农地经济价值较低是普遍现象。尽管有大量农民进城和大量土地闲置，亟待进行土地资源优化配置，却往往因为市场化确定的补偿标准过低而难以实现。对成都市的调查发现，农户的保障需求、情感需求、发展需求均高出成都市现行补偿标准①。对于大部分进城农民而言，农地退出补偿不足以弥补其与市民在受教育程度、职业技能等方面的差距，实现市民化的难度较大。即使同步退出宅基地使用权和集体收益分配权，也难以完全覆盖其住房、医疗、养老等方面的需求。在不能够通过土地承包经营权、宅基地使用权和集体收益分配权退出以获得发展保障的情况下，农民保留农地既可能通过土地流转获得相对稳定的现金流，也能获得农地的就业和农村住宅的居住两项兜底保障，最终其退出决策会趋于保守，不利于从根本上破解小农生产格局和"半城镇化"难题②。

可见，在等价交换原则指导下以纯粹市场化定价的方式提供农地退出补偿，仅能部分替代农村土地的保障功能，难以体现农村土地发展性功能，因而很难推动进城落户农民大规模进行永久性土地退出。需要进一步细化农地退出补偿政策设计的原则，充分发挥其引导农民自愿退出承包经营权的作用。

第二节　基于功能替代原则推动农地退出的政策意义与实践价值

在政策设计中遵循功能替代原则，是指将充分替代原有政策的核心功能作为政策设计的出发点，这是一种从功能观出发的政策设计理念。该原则能够较好地保障政策目标对象利益，因此适用于解决相对复杂的现实问题，理应为社会主义宏观调控理论与

---

① 何盈盈、冉瑞平、尹奇、刘云强、戴小文：《土地承包经营权退出补偿标准研究——基于农户的需求调查》，《中国农业资源与区划》2018年第12期。
② 曹丹丘、周蒙：《土地承包权退出：政策演进、内涵辨析及关键问题》，《农业经济问题》2021年第3期。

实践创新所重点关注。基于功能替代原则开展农地补偿制度设计，应在充分考虑现有农地承包经营权所承载功能的基础上，以不降低农地为农民提供的各项保障和福利水平作为首要目标。在农地承载功能多元化和农民农地退出意愿复杂化交织的现实困境下，基于功能替代原则开展农地退出机制的设计，具备积极的政策意义和实践价值。

一 有利于破解以等价交换原则推进农地退出面临的现实困境

在实践中遵循功能替代原则，充分考虑农地的功能演变及其引致的农民诉求变化，开展差异化个性化的补偿方式和标准设计，能够较好地解决以等价交换原则推进农地退出所面临的现实困境。

一方面，功能替代原则能够较好地匹配地方政府或村集体推动农地退出与农民自愿退出农地的偏好。在这一原则指导下，地方政府或村集体需要科学测算补偿方式和标准对于农地现有功能的替代程度，其政策接受度将获得显著提升。例如，在土地经营收益较高的区域，大量农民愿意从事农业生产经营活动而非进城务工。出于维护农地承载的农民就业功能考虑，此类区域既可以暂缓推进农地退出，也可以通过发展农业合作社、壮大集体经济组织等方法为农民提供同等就业机会以引导农地退出。较等价交换原则而言，遵循功能替代原则有望避免地方政府对农民离地决策的过度干预，通过保障农地生产功能有效维护农民利益。

另一方面，基于功能替代原则设定的农地退出补偿标准可以大幅超过农地经济价值，从而加强政策设计的引导作用，增强政策设计的灵活性。在农地价值不高的区域，农地主要发挥失业保险功能和对农民市民化的支持功能。在此类区域推动农地退出，必须提供远高于农地市场价值的补偿，才能够对上述功能进行替代。而地方政府在缺乏足够顶层设计依据的条件下，很难自主决策提供大幅高于征地补偿的补偿。将农地退出问题置于破解城乡二元困境、实现高质量城镇化、推动乡村振兴战略实施的宏观视角下考虑，确立功能替代原则为农地退出补偿的指导原则，有望为各级政府多渠道筹措资金、科学设计农地退出补偿方案、充分保障进城落户农民公平发展机会提供政策依据。

二 有助于破解农民农地退出意愿差异化的现实约束

农地退出机制大范围推广的制度瓶颈和现实制约众多，退出补偿方案和标准与农户诉求之间的"匹配难"是影响退出工作推进的直接因素，基于功能替代原则开展政策设计有望助力破解这一难题。

农民的农地退出意愿受到多重因素共同影响。在地区差异扩大、农户分化加速、土地流转难度不一、农民认知偏差、情感寄托需求等现实因素的影响下，农地承担的功能更加复杂，反映为农民农地退出意愿的多层次和叠加性特征。多位学者开展了相关调查研究。差异化的退出意愿难以通过统一的退出补偿方案和标准实现，而应通过覆盖面更广和相对个性化的退出政策予以满足。

基于功能替代原则设计补偿机制，能够较好地满足农户差异化的补偿诉求。对于城市郊区农民而言，农地的失业保险功能生效空间较小，财产性功能更加突出，补偿方案可以提高货币补偿比例。老年农民特别是子女进城就业生活的农民，存在退出土地换取高标准社会保障的需求，补偿方案可以侧重社会保障功能。特别是对于欠发达地区的"空心村""空壳村"，以高于市场价值的标准提供退地补偿，在为规模化经营创造条件的同时，可以为进城农民市民化提供有力支持。

三 更加契合农地退出政策的政策定位

作为保障进城落户农民发展机会的阶段性政策,农地退出机制创新应优先解决现阶段改革所面临的主要现实问题,并在政策设计层面予以充分考虑。面对人地分离、规模化经营等人地关系的新变化,当前阶段农地退出政策设计必须至少兼顾三个方面的任务。一是解决好农村土地利用效率低的问题,使农地资源更好地为农业高质量发展提供支撑。二是充分保障"离农""离地"农民的利益,适当延续农地的保障功能,降低城镇化进程中的系统性社会风险。三是围绕推动农村转移人口市民化,充分保障其发展机会,确定科学合理的补偿方式和标准以引导进城落户农民退出土地承包权。

基于功能替代原则设计补偿机制,能够较好满足上述目标要求。在提高土地利用效率方面,功能替代原则较等价交换原则的政策针对性更强,可以引导更多农民退出承包经营权,为规模经营主体提供长期稳定、大规模连片的土地,提升土地生产资料供给质量。在保障农民利益方面,功能替代原则能够提供多元化组合式的退出补偿方案,充分保障其利益诉求。各地可立足实际,设立嵌入政策框架的社会保障机制,对不同年龄、不同就业能力农户提供分类补偿方案,最大限度地减少农民永久退出承包地的后顾之忧。在支持进城落户农民发展方面,功能替代原则通过为农村转移人口提供发展机会,能够兼顾土地要素和劳动力要素的优化配置,具有很强的实践指导意义。农地退出政策的初衷不是由政府出资按照农地市场价值对农民的承包经营权进行"赎买",而是旨在提供制度创新加快破解城乡二元结构,引导推动农村土地和劳动力等资源实现优化配置,使进城农民获得更加公平的发展机会。

四 有助于解答若干存在争议的制度性难题

关于农地退出的补偿资金来源问题，2017年中央一号文件提出，"允许地方多渠道筹集资金，按规定用于村集体对进城落户农民自愿退出承包地、宅基地的补偿"。如果地方政府为村集体垫付退出补偿，并期望通过规模化农地的更高土地流转租金收回垫付资金，这本质上就是等价交换原则下的政府低水平有偿投入。功能替代原则允许地方政府出于保障进城农民利益、为其提供发展机会等考虑提供更高水平无偿投入，为补偿方案设计提供了另一种思路。

关于农地退出选择永久退出还是长期退出的问题，目前尚存在争议。从功能替代观点出发，二者对应的农地功能不同，应选择不同的解决思路。永久退出的农户放弃了农地的全部功能并且该过程不可逆，因此应获得相应功能的替代补偿。长期退出的农户在退出期满后有权再次承包土地，本质上是由村集体"背书"的期限更长、契约关系更加稳定的高水平土地流转，因此可以参照土地流转，通过市场机制确定补偿标准。从短期来看，永久退出与长期退出并存符合农地退出改革的阶段性特征。从长期来看，对于已平稳实现市民化的农民，农地的历史功能已实现，宜鼓励引导其有偿退出农地，从而进一步理顺农村人地关系。

关于进城落户农民土地承包权、宅基地使用权、集体收益分配权是否应联动退出的问题也存在争议。从功能替代观点出发，宅基地使用权承载了农民的基本居住功能，集体收益分配权体现了农户的世代积累，均与土地承包权的功能没有天然联系，因此在现阶段不宜强制联动退出。

第三节 农地退出机制中的退出补偿方式选择

一 基于农地退出政策初衷的探讨

制定农地退出政策的初衷是解决城乡发展二元结构历史遗留问题和促进农村土地资源优化配置。在有效促进当地农村土地规模化经营方面，试点模式基本满足了这一要求，实现了将零散农地集中以提高农业规模化经营水平的目标。但不同地区的试点探索主要是立足自身财政支付能力和农民意愿开展，与农地退出政策初衷的契合度不一。特别是在退出方式和退出补偿方式上，尽管政策实施方案在当地获得农民广泛认可，但并不意味着同等政策措施能够适用于其他地区，需要结合农地退出政策初衷进行详细分析。

充分化解城乡发展二元结构问题，需要在相当长的时期开展城乡间资源交换，农地退出机制是其中的重要制度设计和资源交流渠道。"土地换户籍"推动了大量农民的高程度市民化，且这一转移过程基本不可逆。该模式运行于国家大力推进城镇化的特殊阶段，随着户籍制度改革的深入，城乡户籍间的福利差距不断缩小，这一退出方式的现实适用性和可推广性持续降低。"土地换现金"模式中的"永久退出"是不可逆的农民土地承包经营权有偿退出机制设计，契合农地退出政策的初衷，但是目前政策实施的对象主要为已进城农民、居住在农村但以非农收入为主的农民。如果将享受政策的群体扩大至全部具有离地进城意愿的农民，则具有用地需求的规模经营主体、村集体和地方政府都难以承担相应支出，导致政策大范围推广的难度较大。"土地换保障"模式同样是不可逆的退出机制，且契合农地退出政策的初衷，但是对于地方财政支付能力提出了更高的要求。在农地经济价值有限的客观条件下，难以通过市场化手段筹措满足农民保障性诉求的补偿资金，发达地区的地方政府出资填补了此部分资金缺口，并以城镇社会保障的形式补偿给失地农民。此类退出补偿方式仅适用于部分经济发达地区。

另有部分退出补偿方式仅能够作为过渡性政策，并未涉及城乡二元结构的深层次改革。"土地换股权"模式能够较好满足离地农民的财产性诉求，但并未触及现阶段农村土地制度改革的制度性问题，而且对于"离农""离地"农民的市民化问题涉及较少。"土地换现金"模式中的长期退出方式与其类似，仅在本轮承包期内实现了土地规模经营，下一轮承包期仍需要与农民就退出补偿进行协商。

二 基于农地退出政策定位的讨论

从整体政策定位来看，农地退出应当被视作保障进城落户农民发展机会的阶段性政策，侧重促进农村转移人口市民化和优化农村人地关系、提高农业生产力水平等目标，因此应立足不同区域特征和农民意愿选择退出补偿方式。

第一，农地退出是一项地方政府主导的引导性政策，退出补偿方式的选择应充分考虑农民诉求。一方面，中国不同区域的城镇化进度不一，农村和农业发展情况差异较大，农民对于退出补偿方式的偏好差异较大；另一方面，地方政府和村集体能够投入的政策和资源相对有限，更多是根据政策目标和自身支付能力提出补偿方案，通常难以满足所有农民的全部诉求。上述矛盾将普遍长期存在，应努力选择适合地方实际的、具有可操作性的退出补偿方式。值得注意的是，尽管一些地区保障农民市民化所需的成本较低，农地退出政策仍应提供不低于农民保留承包经营权所获得的收益，否则必然难以推进。

第二，农地退出应作为平稳推进城镇化进程的阶段性政策，而非属意为实现市民化的农民提供世代享有的收益。从这一角度来看，尽管投入巨大，"土地换户籍"模式、"土地换保障"模式和"土地换现金"模式中的"永久退出"均有较强的现实借鉴意义。"土地换股权"模式则仍需要进一步优化，特别要为市民化的农民提供彻底退出农地的渠道，如采取村集体赎买股份等方式对其进行补偿。

第三，农地退出应作为有效降低农村转移人口市民化的风险和成本的兜底性政策。因此，不宜将补偿标准与农地经济价值完全挂钩，而是应充分考虑城乡发展差距和进城落户农民实现市民化相对薄弱的物质基础。在既有模式中，农地退出补偿资源的来源渠道是退出补偿方式选择的核心制约因素。"土地换现金"和"土地换股权"模式采取了相对市场化的资金筹措方式，其补偿标准与农地经济价值呈正相关关系，其支持农村转移人口市民化的兜底作用不够充分。

三　基于农地功能替代视角的审视

从功能替代原则的视角分析，试点地区的退出补偿方式均具有一定的合理性，且是对农地所承载核心功能的部分替代。

在"土地换现金"模式中，退出农地的农民已实质上脱离农业生产和农村生活，农村稳定就业的"蓄水池"功能弱化，满足农民获得市民化所需资金成为农地承载的核心功能。在土地经营权价值偏低的现实条件下，每年土地流转所带来的现金流对农民市民化的作用很低，一次性获得相当于十余年土地流转租金的现金补偿更加符合农民的资金需求。

"土地换股权"模式是对农地规模经营和农民职业化发展的协

同探索，为部分农民提供了作为职业农民的就业机会，其余农民则以土地出资入股共享收益。对于以苏州为代表的城镇化率较高且现代农业发达的地区，农地承载的就业功能和保障功能均呈现弱化趋势，农地用途改变所带来的发展权价值较高，农民存在财产性诉求，主动退出农地的意愿偏低。这一退出补偿方式并未从根本上改变人地关系，但是较为符合当地农民继续持有土地承包权并利用土地经营权入股获得收益的意愿。

"土地换保障"模式同样与试点地区实际结合紧密，紧扣了城市郊区老年农民的社会保障诉求。在人均耕地少、农业经营收入占总收入比重低的情况下，农地作为生产资料的作用不断下降，农地承载的社会功能较多。政府提供社会保障以换取农民自愿退出农地，是对农地承载的社会保障功能的部分替代。尽管实施时间更早，"土地换户籍"模式也遵循了类似的逻辑。农民自愿退出与农村户籍相捆绑的多项权利，获得政府提供的城镇户籍及其附带的福利，本质上也是对土地承包经营权和宅基地使用权所承载的就业、居住、社会保障等多项功能的替代。

综上所述，不同农地退出补偿方式均有其特殊的适用条件，也是农业农村发展特定阶段下的最优选择。在农地退出机制设计过程中，需要立足地方实际开展退出补偿方式选择，选择能够替代农地承载的核心功能和满足农民核心诉求的退出补偿方式。

第七章 主要结论与政策建议

第一节 主要研究结论

本书从实物期权视角切入,从理论层面分析了该视角下的农地价值界定问题,结合实证研究探讨了农地价值对农民农地退出意愿的影响,总结比较了中国农地退出实践的主要模式,在此基础上开展了农地自愿有偿退出机制的政策讨论,取得了以下研究结论。

一 实物期权价值视角下的农地价值分析

科学解答土地承包经营权的定价问题,能够为构建农地退出机制奠定理论基础。由于中国农地制度的特殊性,农地价值包括农地经济价值和农地功能价值两个部分,两者的价值确定遵循不同逻辑。实物期权作为一种定价方法和思维方式,适用于农地价值相关领域。总体来看,无论是农地经济价值还是功能价值,均隐含了不确定性所带来的实物期权价值,进而会影响农户退出决策。具体而言,一方面,由于不确定性的存在,农地经济价值的确定面临诸多现实难题,应充分考虑农地经济价值中的实物期权价值;另一方面,农地功能价值的确定缺乏量化的标准,同样可以从实物期权价值的视角认识农民的退地补偿诉求。

在采用 Dixit 和 Pindyck① 实物期权定价模型框架,并参考夏刚等②的农地征收补偿实物期权定价模型的假设基础上,本书构建了农地经济价值的实物期权定价模型。模型推导的结果是,不确定性、折现率和农地收益的预期增长率均会对农地经济价值产生影响,农地经济价值与预期增长率正相关,与折现率负相关、与不确定性的关系尚不明确。四川省内江市龙门镇龙门村试点案例的数据测算结果显示,实物期权价值占农地价值的比重较高,造成以土地流转租金为依据测算的补偿标准低于农地实际价值。

通过借鉴 Dixit 和 Pindyck③ 最优停时模型框架,并参考殷林森等④的创业投资项目退出决策模型的部分假设和推导过程,本书构建了农民农地退出决策的最优时机模型。模型推导的结果如下:在"土地换现金"方式下,贴现率越低则农户退出时机临界值越小;当一次性补偿标准提高时,由于终止回报上升,反而会使退出时机临界值提高。在"土地换保障"方式下,同样存在贴现率越低则农户退出时机临界值越小的趋势。在"土地换股权"方式下,集体经济组织盈利能力越强,农户的退出时机临界值越小;贴现率越低,则农户退出时机临界值越小。

二 农地价值与农民农地退出意愿的关系

在复杂的农地退出意愿表现形式背后,农民对于农地价值的判

---

① Avinash K. Dixit, Robert S. Pindyck, *Investment under Uncertainty*, Princeton University Press, 1994, pp. 135 – 147.
② 夏刚、任宏、陈磊:《基于实物期权定价的农地征收补偿模型研究》,《中国土地科学》2008 年第 6 期。
③ Avinash K. Dixit, Robert S. Pindyck, *Investment under Uncertainty*, Princeton University Press, 1994, pp. 135 – 147.
④ 殷林森、李湛、李珏:《基于最优停时理论的创业投资退出决策模型研究》,《南开管理评论》2008 年第 4 期。

断及其补偿诉求是重要的影响因素,并且农民对于农地经济价值和农地功能价值的诉求也存在显著差异。以农民不同层次、不同类型的农地价值补偿诉求为切入点,本书利用 Probit 模型和 OProbit 模型检验了农地经济价值和功能价值对于农地退出意愿的影响机制。就农地经济价值而言,实证研究揭示了以下机制:第一,较高的农地现状用途经济价值会抑制农民的农地退出意愿。第二,土地流转便利程度会放大农地的财产性属性,从而抑制农民的农地退出意愿。第三,农地的发展权价值越高,农民预期获得的农地退出补偿越高。就农地功能价值而言,实证研究揭示了以下机制:第一,农民农地功能价值诉求(就业、社会保障、情感寄托等)会影响到其农地退出意愿。第二,农地承担了愿意进城就业农民的失业保险功能、随子女进城农民的社会保障功能和愿意进城从事脑力劳动农民的财产性诉求,上述功能价值诉求抑制了农民农地退出意愿。第三,农民对于农地的发展性功能诉求越强,则农地退出意愿越弱;保障性功能诉求越强,则农地退出意愿越强。

从更深层的逻辑来看,农地价值会通过影响农民进城意愿,进而影响农民农地退出意愿。围绕农地价值对农民进城就业意愿和进城居住意愿的影响问题,本书采用 BiProbit 模型进行了实证检验。总体来看,农地价值对农民进城意愿存在一定影响,较低的农业经营收入会促进农民进城就业而抑制其进城居住意愿,农民进城居住意愿还受到子女进城与否、土地流转收入等因素影响。种植粮食作物的农户有更强的进城就业意愿;如果子女进城农民会有较强意愿进城就业;富余劳动力更多的农户进城就业意愿较强。种植粮食作物的农户进城居住意愿较弱;持有养老保险和便利的土地流转市场会促进农民进城居住。特别是主要种植粮食作物的农民,其进城就业意愿较强而进城居住意愿不高。

农民对农地的价值诉求还会影响到其农地退出补偿方式偏好。调查研究的结果显示，受访农民最偏好以"土地换股权"，其次是"土地换保障"，接受度最低的是"土地换现金"，体现出对于农地价值的财产性诉求和保障性诉求。本书采用 MvProbit 模型进行检验的结果显示，农民对农地价值的诉求差异直接影响退出补偿方式偏好。愿随子女进城的农民对于"土地换现金"和"土地换保障"方式的接受度较高，反映出对进城所需资金和社会保障福利的诉求；掌握非农就业技能的农民更倾向"土地换保障"，体现了其农地就业功能诉求的弱化；土地流转租金较高的农民则不愿接受"土地换保障"方式，意味着此类农民农地保障性功能诉求的弱化；具有进城就业意愿的农民更倾向"土地换股权"，体现出对农地财产性功能的诉求。

三 中国农地退出的实践总结与模式比较

从时间维度来看，中国农地退出经历了三个主要发展阶段：一是被动退出阶段，土地承包经营权与农村集体组织身份绑定；二是转户退出阶段，农地退出与农村户籍制度改革同步；三是引导退出阶段，各地政府引导农民自愿有偿退出。

从主要模式来看，中国农地退出实践可以归纳为"土地换户籍""土地换现金""土地换保障""土地换股权"四种模式。不同退出模式的主要特征和适用范围均有所差异。"土地换户籍"侧重利用城乡土地价值差额所形成的制度红利，以四川省成都市温江区"双放弃"、重庆市"退三进五"和陕西省"城市居住制度"试点为代表。"土地换现金"模式，侧重满足农户的现金需求，适用于农业劳动力非农化比例高、城镇化程度不高、地方财政补贴能力有限的地区以重庆市梁平县和四川省内江市为代表。"土地换保障"

模式则侧重满足农户保障需求，主要出现于土地资源相对稀缺的经济发达区域，以浙江省嘉兴市"两分两换"、上海郊区老年农民"退地增保障"和江苏省苏州市吴中区"农地转城保"为代表。而"土地换股权"模式更侧重土地作为生产资料的价值实现，适用于现代农业发达、农民非农就业比例较高的地区，以江苏省苏州市"合作农场"为代表。

从退出模式对农地价值认知与补偿标准界定来看，不同试点案例存在较大差异。"土地换现金"模式是对农地经济价值的货币化体现，"土地换户籍"和"土地换保障"模式是政府对农民农地功能价值诉求的部分响应，"土地换股权"模式却并非严格意义上的农地退出。总体来看，试点模式中的补偿标准设立主要遵循市场化等价交换原则，部分模式回应了农民的农地功能价值诉求。

四 农民农地自愿有偿退出机制政策讨论

农地退出有偿性原则如何体现、补偿标准应遵循何种原则等问题已成为政策讨论的焦点。

农地退出政策的初衷是解决城乡二元结构问题，优化农村土地资源配置，其政策定位是保障进城落户农民发展机会的阶段性政策。在等价交换原则下推动农地退出，面临地方政府或村集体推动农地退出的积极性与农民农地退出偏好难以匹配、按照市场价值确定的农地补偿标准无法充分满足农户发展需求等现实问题。基于功能替代原则推进农地退出，既能够较好匹配地方政府或村集体推动农地退出与农民自愿退出农地的偏好，又能够提供超过农地经济价值的补偿标准，较好地满足农民差异化诉求，政策设计的引导作用和灵活性将进一步加强。

功能替代原则更加契合农地退出政策的政策定位，有助于统筹完成提升农村土地利用效率、充分保障"离农""离地"农民利益和推动农村转移人口市民化等任务目标。功能替代原则还有助于解答农地退出的补偿资金来源、农地退出选择永久退出还是长期退出，以及进城落户农民土地承包权、宅基地使用权、集体收益分配权是否应联动退出等存在争议的问题。因此，以功能替代原则作为农地有偿退出的补偿原则，具有较强的政策指导意义。

第二节 关于农地退出机制设计的政策建议

作为一项理论与政策相结合的研究，本书重点研究了中国农民土地承包经营权有偿退出机制的若干问题，围绕主要研究结论，立足改革现实需求，提出以下政策建议。

一 政策目标：完善农地价值标准，充分保障进城农民利益

农地退出政策是城镇化背景下的农业农村领域的一项引导性制度创新。目前，中央层面已明确农地退出机制设计的自愿有偿原则，但是依法自愿有偿转让的具体办法尚未出台。为增强农地退出政策的引导作用，应在确定农地退出补偿方案的过程中充分参考农地价值，既要使补偿涵盖农地经济价值，又要适度回应农民的多元化农地功能价值诉求。在补偿标准设定方面，宜以保障进城农民利益为政策出发点，充分体现农地的经济价值和绝大部分功能价值，从而有效促进转移人口市民化进程。在退出补偿方式选择方面，应以尊重农民意愿为主，努力提供更加契合当地农民需求的方式，调动已进城落户农户和愿意退地进城农民的积极性。最终，通过健全科学的补偿机制和引导机制，充分保障进城农民发展机会，努力解决因城乡历史发展差距而形成的发展机会不公平问题。

二 补偿原则：引入功能替代原则，更好发挥政策引导作用

将功能替代原则作为补偿机制设计的核心原则，契合农地退出政策初衷和核心目标，有助于破解补偿方案和标准与农户诉求之间的匹配难题，具有一定的政策意义与实践价值。在相关制度设计和实践探索过程中，应积极引入和明确功能替代原则作为农地退出机制设计的核心原则，探索在功能替代理念指导下开展补偿机制设计。在具体制度设计操作层面，鼓励各地因地制宜开展政策创新，立足自身城镇化水平、非农就业情况、农村发展现状等现实条件，把握农户在加速分化情况下的多元化补偿需求，增强农地退出机制设计的灵活性和适应性，为进城农民提供更具差异化的补偿方案，引导提高农民永久退出农地积极性。同时，注意尊重不愿退出农地的农民意愿，避免出现行政指令推进和出台"一刀切"政策等情况。

三 补偿方式：坚持因地制宜原则，充分尊重农民农地退出意愿

农地退出模式和退出补偿方式的选择是农地自愿有偿退出机制的重要内容。目前已经充分试点的退出模式包括"土地换户籍"、"土地换现金""土地换保障"和"土地换股权"四种，分别对应了不同的退出补偿方式。各种退出模式各有侧重且均有特定的适用范围，目前学界尚未就何种模式最优达成一致。就本书研究的结论而言，不同退出补偿方式均对应了特定适用场景，特别是与政策实施地区的城镇化水平、人地关系、农业发展情况、农民偏好等因素相关联。各地区应坚持因地制宜原则，结合自身实际选择一种退出模式作为退出机制设计的基础，并结合农民诉求和地方政府支持能力开展适应性创新。有条件的地区可以尝试同时提供两种或两种以上退出补偿方式供退地农民自愿选择，从而满足农户分化的现实条件下的

农民差异化需求。例如，进城落户农民永久退出承包地时，在一次性现金补偿和老年农民享受社会保障待遇两种方案中任选其一。

四 实施范围：明确阶段政策定位，稳步推进不宜盲目扩大

农地退出政策是农地制度改革中的阶段性制度创新，应分地区、分阶段、分批次实施，在有条件的区域和具备进城意愿及能力的农民中稳步推进，不宜盲目扩大政策实施范围。尽管多个试点地区已探索了不同类型的农地退出机制试点，并取得了较好的政策效果，但是试点区域的特殊性不容忽视，其成功经验可推广复制的范围均较为有限。中国城镇化已进入中后期发展阶段，城乡户籍的福利差距较小，农地退出意愿和补偿诉求更加复杂，并不具备在大范围内推进农地有偿退出的客观条件。因此，应进一步明确农地退出政策的阶段性特征，将政策实施范围限定在符合特定条件的重点区域。例如，大城市郊区可以借鉴上海市松江区"土地换保障"退出补偿方式，将老年农民纳入城市社会保障体系，整合储备一批城郊土地。农村劳动力流失严重的"空壳村""空心村"可以借鉴重庆市梁平县"土地换现金"退出补偿方式，由村集体整合闲置零碎土地，招引规模化经营主体开展现代农业经营。

五 资金来源：加强城乡资源统筹，推动政府市场共同支持

在农地退出补偿资金筹措方面，应在城乡统筹发展的视野下积极创新资金筹措渠道，深度挖掘农地功能，充分显化农地价值。通过加大财政性资金投入力度，有序引导具备条件的农民退出农地，促进劳动力要素在城乡间优化配置。以土地要素优化配置畅通城乡资本流通渠道，在政府大力投入的同时以规模化农地资源吸引社会资本长期投入。以土地要素优化配置促进劳动力要素在城乡优化配

置。具体而言，应加快建立政府和市场双重支持体系①，探索建立多方参与、共同投入、共赢共享的政策推进机制。落实地方政府、村集体在引导农民依法自愿有偿退出方面的主体责任，鼓励农业龙头企业、农业合作社、家庭农场、种养大户等规模经营主体以多种形式参与农地退出改革实践。建立健全相关利益联结机制和收益共享机制，通过制度创新更好地发挥财政资金的引导撬动作用，吸引更多资源参与农地制度改革。

六 政策实施：推动多权协同退出，实现支持政策协同施策

无论是实现全面乡村振兴战略目标，还是健全农业转移人口市民化机制，均需要以土地承包经营权、宅基地使用权、村集体经济产权协同改革。期望以农地承包经营权退出机制满足全部改革资金需求，并不具备现实合理性，也与承包经营权生产性为主的职能定位有所偏离。各地政府应将退出意愿、补偿能力、退出方式有机结合，在总结既有农地退出模式和补偿机制的基础上，开展进一步的实践探索，重点探索如何构建进城落户农民和愿意进城农民的土地承包经营权、宅基地使用权、村集体经济产权协同退出机制。同时，积极探索农地有偿退出相关支持政策的协同配合，理顺地方政府、村集体经济组织在农地退出机制中的权责，出台引导社会资本参与农地退出机制运行的政策措施。

---

① 吴楚月：《论农村土地承包权有偿退出的实现路径》，《农业经济》2021年第10期。

附录　农民农地退出意愿的调查问卷

1. 所在县名称_____。
2. 受访者的性别为：

    A. 男　　　　B. 女

3. 您的年龄为_____岁。
4. 您的家庭的人口数为_____人，其中劳动力有_____人。
5. 您的最高学历为：（如初中未毕业则选择小学）

    A. 小学以下　　B. 小学　　　C. 初中

    D. 高中　　　　E. 大专及以上

6. 您的家庭成员中是否有党员？

    A. 有　　　　B. 没有

7. 您的家庭成员中是否有村干部？

    A. 有　　　　B. 没有

8. 您是否有子女（如选择B，跳至第15题）

    A. 有　　　　B. 没有

9. 您家在上学的大学生数量为_____人。
10. 在读大学生的性别是：

    A. 男　　　　B. 女　　　　C. 男女都有

11. 您是否有子女已毕业参加工作?

    A. 有　　　　B. 没有

12. 您是否有子女在城镇里工作?

    A. 有　　　　B. 没有

13. 您的子女在城市、县城是否购房?

    A. 是　　　　B. 否

14. 您是否打算让下一代继续务农?

    A. 是　　　　B. 　　　　C. 看情况

15. 您家拥有承包地共有_____亩，一共_____块地。

16. 您在城市、县城是否购房?

    A. 是　　　　B. 否

17. 您近五年有无进城居住意愿?

    A. 有　　　　B. 没有

18. 您家的承包地离家远吗?

    A. 很近　　　B. 比较近　　C. 有点远

    C. 比较远　　D. 很远

19. 您所在村距离城镇大概有_____里。

20. 您觉得去乡镇里交通方便吗?

    A. 很方便　　B. 比较方便　C. 还可以

    D. 不太方便　E. 很不方便

21. 您的农地种植物主要有哪些?（多选题）

    ☐A. 小麦等粮食作物　　　☐B. 蔬菜等经济作物

    ☐C. 林木花草　　　　　　☐D. 水果

    ☐E. 其他_____

22. 除务农外，您有无其他专长?

    A. 有　　　　B. 没有

23. 您认为当前农地经营权流转是否方便?

  A. 非常方便 B. 比较方便 C. 一般

  D. 不太方便 E. 很不方便

24. 您所处的地方每亩地的流转租金大概是多少元?

  A. 500 元以下   B. 500（含）—1000 元

  C. 1000（含）—2000 元 D. 2000（含）—5000 元

  E. 5000 元及以上   F. 不清楚

25. 您是否获得了经营权抵押贷款?

  A. 是   B. 否

26. 您的家庭年收入约为_____元（请填写详细阿拉伯数字）。

27. 您的家庭收入在全村属于什么水平?

  A. 最高一档 B. 中上水平 D. 平均水平

  E. 偏低水平 F. 最低一档

28. 您的家庭年支出约为_____元（请填写详细阿拉伯数字）。

29. 您的农业年收入约为_____元（请填写详细阿拉伯数字）。

30. 您家固定资产有?（多选题）

  ☐A. 汽车   ☐B. 拖拉机等农业机械

  ☐C. 温室大棚等农业设施 ☐D. 农村住房

  ☐E. 城镇住房   ☐F. 其他_____

31. 您家的成年人是否购买了养老保险?

  A. 是   B. 否

32. 您家的成年人是否购买了医疗保险?

  A. 是   B. 否

33. 如果子女将来进城居住，您是否愿意进城居住?

  A. 是   B. 否

34. 村里人对进城购房的人是什么看法?

A. 很羡慕　　B. 无所谓

C. 看不起　　D. 不清楚

35. 您家是否有人在打工？（如选择B，跳至第43题）

    A. 是　　　　B. 否

36. 您家打工的人数为_____人（请填写详细阿拉伯数字）。

37. 您家打工的人是就近打工住在家中还是外出打工？

    A. 都是就近　　B. 都是外出

    C. 就近和外出的都有

38. 您家打工的人每年外出务工多长时间？

    A. 1个月以内　　　　　　B. 1个月（含）至3个月

    C. 3个月（含）至6个月　　D. 6个月及以上

39. 您是否有意向去城市或镇上工作？

    A. 是　　　　B. 否

40. 您觉得自己在城市或镇上找到工作的难度如何？

    A. 很难　　B. 比较难　　C. 一般

    D. 比较容易　　E. 很容易

41. 您倾向于从事何种类型工作？

    A. 高强度体力劳动　　　B. 中等强度体力劳动

    C. 低强度体力劳动　　　D. 高强度脑力劳动

    E. 中等强度脑力劳动　　F. 低强度脑力劳动

42. 您家劳动力是否参加过种地之外的技术培训比如电焊、汽修等？

    A. 是　　　　B. 否

43. 有些地方政府鼓励把承包地交回村里然后给予补偿，您觉得这个政策好不好？

    A. 很好　　B. 比较好　　C. 无所谓

D. 不太好　　　E. 很不好

44. 您有没有意向把承包地交回村集体然后获得补偿？

　　A. 有　　　　B. 没有

45. 如果您把承包地交回村集体，您觉得以下哪种方案最好？

　　A. 按今年承包地租金的 30 倍，一次性补偿

　　B. 给成年人办理养老保险，等 55 岁后开始领取退休金

　　C. 村集体每年分红，不低于当年的承包地租金

46. 您对进城工作有什么看法？

　　A. 很好　　　B. 比较好　　　C. 无所谓

　　D. 不太好　　E. 很不好

47. 您对进城居住有什么看法？

　　A. 很好　　　B. 比较好　　　C. 无所谓

　　D. 不太好　　E. 很不好

48. 您觉得影响您家搬去城市最大的困难是什么？

　　A. 不好买房　　　　　B. 不好找工作

　　C. 收入低　　　　　　D. 存款少

　　E. 被城里人歧视　　　F. 舍不得离开村子

　　G. 其他＿＿＿＿

参考文献

一 中文文献

习近平:《习近平重要讲话单行本》(2020年合订本),人民出版社2021年版。

习近平:《习近平重要讲话单行本》(2022年合订本),人民出版社2023年版。

习近平:《习近平谈治国理政》第四卷,外文出版社2022年版。

中共中央宣传部:《习近平新时代中国特色社会主义思想学习纲要》(2023年版),学习出版社、人民出版社2023年版。

陈强:《高级计量经济学及Stata应用》(第二版),高等教育出版社2014年版。

高佳:《农业转移人口市民化:土地承包权退出及经济补偿研究》,中国农业出版社2016年版。

罗必良等:《产权强度、土地流转与农民权益保护》,经济科学出版社2013年版。

王兆林:《户籍制度改革中农户土地退出行为研究》,中国社会科学出版社2014年版。

郁洪良:《金融期权与实物期权——比较和应用》,上海财经大学出版社 2003 年版。

安瑛晖、张维：《期权博弈理论的方法模型分析与发展》，《管理科学学报》2001 年第 1 期。

白积洋：《农民土地退出的意愿与影响因素分析——基于湛江市 782 个农户样本调查》，《农业部管理干部学院学报》2012 年第 3 期。

曹丹丘、周蒙：《土地承包权退出：政策演进、内涵辨析及关键问题》，《农业经济问题》2021 年第 3 期。

陈建兰、顾靖燕：《土地换保障：城乡一体化背景下的农保转城保实践——以苏州市吴中区为例》，《农业经济》2016 年第 5 期。

陈金龙：《实物期权定价理论与方法研究》，博士学位论文，天津大学，2003 年。

丁玲、钟涨宝：《农村生源大学生土地承包经营权退出意愿及影响因素研究——来自武汉部属高校的实证》，《农业现代化研究》2015 年第 6 期。

丁延武、王萍、郭晓鸣：《不同禀赋农民土地承包经营权有偿退出机制研究——基于四川省内江市市中区的经验和启示》，《农村经济》2019 年第 9 期。

董欢：《土地承包经营权退出改革何去何从——来自四川省内江市市中区的经验与启示》，《中州学刊》2020 年第 7 期。

方志权、张晨、张莉侠、楼建丽：《农村土地承包经营权退出意愿与影响因素——基于上海四区 1255 份农村调查问卷的分析》，《农村经营管理》2017 年第 11 期。

高海：《论农民进城落户后集体土地"三权"退出》，《中国法学》2020 年第 2 期。

高佳、李世平、宋戈：《基于广义多层线性模型的农户土地承包经营权退出意愿》，《中国农业大学学报》2017 年第 4 期。

高佳、宋戈、李世平：《农户土地承包权退出经济补偿受偿期望及影响因素》，《干旱区资源与环境》2017年第6期。

高强、宋洪远：《农村土地承包经营权退出机制研究》，《南京农业大学学报》（社会科学版）2017年第4期。

郭晓鸣、高杰：《我国农村土地承包权退出的地方探索与基本判断——基于四川省内江市的改革实践》，《国土资源科技管理》2017年第2期。

韩长赋：《深入研究农村土地制度改革的八个重大问题》，《中国乡村发现》2019年第1期。

韩恒：《农民工的"城市梦"及其影响因素——基于河南省"百村调查"的数据分析》，《中州学刊》2014年第7期。

何安华：《苏州合作农场与土地股份合作社比较分析》，《农村经营管理》2016年第5期。

何安华：《土地股份合作机制与合作稳定性——苏州合作农场与土地股份合作社的比较分析》，《中国农村观察》2015年第5期。

何雄伟、杨志诚：《经济补偿模式、农户家庭特征与土地承包权退出》，《江西社会科学》2021年第8期。

何盈盈、冉瑞平、尹奇、刘云强、戴小文：《土地承包经营权退出补偿标准研究——基于农户的需求调查》，《中国农业资源与区划》2018年第12期。

胡继亮、刘心仪：《农户土地承包权退出意愿及其影响因素研究——基于湖北省的微观调查数据》，《江汉论坛》2017年第4期。

扈映、米红：《经济发展与农村土地制度创新——浙江省嘉兴市"两分两换"实验的观察与思考》，《农业经济问题》2010年第2期。

黄花：《农村土地退出路径研究》，《中南大学学报》（社会科学版）2014 年第 5 期。

靳相木、王永梅：《新时代进城落户农民"三权"问题的战略解构及其路线图》，《浙江大学学报》（人文社会科学版）2019 年第 6 期。

康丕菊、张航、彭志远：《欠发达地区农户分化是否促进了农地转出——基于云南农户的调查》，《云南财经大学学报》2021 年第 11 期。

孔祥智、穆娜娜：《农村集体产权制度改革对农民增收的影响研究——以六盘水市的"三变"改革为例》，《新疆农垦经济》2016 年第 6 期。

刘吉双、张旭：《新时期土地承包经营权退出内部引导机制研究》，《东北师大学报》（哲学社会科学版）2021 年第 3 期。

刘丽娟：《新生代农民工就近城镇化形成机制、实践基础及发展路径》，《重庆社会科学》2020 年第 10 期。

刘灵辉：《城镇化背景下农村大学生"非转农"意愿影响因素实证研究》，《人口学刊》2016 年第 2 期。

刘灵辉：《慎用"不在地主"概念——兼论保护进城农民土地合法权益》，《贵州师范大学学报》（社会科学版）2021 年第 6 期。

刘守英、熊雪锋、龙婷玉：《集体所有制下的农地权利分割与演变》，《中国人民大学学报》2019 年第 1 期。

刘同山：《农业机械化、非农就业与农民的承包地退出意愿》，《中国人口·资源与环境》2016 年第 6 期。

刘同山、方志权：《城镇化进程中农村承包地退出选择：以上海郊区为例》，《重庆社会科学》2018 年第 10 期。

刘同山、孔祥智：《参与意愿、实现机制与新型城镇化进程的农地退出》，《改革》2016 年第 6 期。

柳建平：《中国农村土地制度及改革研究——基于当前土地功能变化视角的分析》，《经济体制改革》2012年第1期。

罗必良：《农地保障和退出条件下的制度变革：福利功能让渡财产功能》，《改革》2013年第1期。

罗必良、何应龙、汪沙、尤娜莉：《土地承包经营权：农户退出意愿及其影响因素分析——基于广东省的农户问卷》，《中国农村经济》2012年第6期。

马流辉：《农地福利化：实践机制、后果呈现及其优化路径——以沪郊埭村为个案的初步分析》，《南京农业大学学报》（社会科学版）2013年第6期。

宋国恺、陈欣蕾：《农民工城镇化转变：从"乡—城"到"乡—县—城"——以农民工落户城市层级选择意愿为视角》，《西安交通大学学报》（社会科学版）2021年第5期。

滕亚为：《户籍改革中农村土地退出补偿机制研究——以重庆市为例》，《国家行政学院学报》2011年第4期。

王常伟、顾海英：《城镇住房、农地依赖与农户承包权退出》，《管理世界》2016年第9期。

王建友：《完善农户农村土地承包经营权的退出机制》，《农业经济与管理》2011年第3期。

王丽双、王春平、孙占祥：《农户分化对农地承包经营权退出意愿的影响研究》，《中国土地科学》2015年第9期。

王瑞雪：《"双放弃"：游走在现行制度边缘的创新——对"双放弃"制度的评析与思考》，《调研世界》2009年第6期。

王晓莉、胡勇：《合作农场：城乡一体化与土地经营主体创新——基于江苏省太仓市东林合作农场的案例分析》，《经济问题探索》2014年第8期。

温世扬、梅维佳：《土地承包经营权主体制度的困境与出路》，《江西社会科学》2018 年第 7 期。

温忠麟等：《中介效应检验程序及其应用》，《心理学报》2004 年第 5 期。

吴楚月：《论农村土地承包权有偿退出的实现路径》，《农业经济》2021 年第 10 期。

吴秋菊：《集体所有制视域下农地"三权分置"改革研究》，《学习与探索》2018 年第 12 期。

夏刚、任宏、陈磊：《基于实物期权定价的农地征收补偿模型研究》，《中国土地科学》2008 年第 6 期。

邢敏慧、张航：《家庭生命周期对农户土地承包权退出意愿的影响研究》，《干旱区资源与环境》2020 年第 2 期。

徐保根、杨雪锋、陈佳骊：《浙江嘉兴市"两分两换"农村土地整治模式探讨》，《中国土地科学》2011 年第 1 期。

薛军、闻勇：《我国农地征收补偿标准研究——基于政府行为的视角》，《云南财经大学学报》2015 年第 2 期。

严中成、漆雁斌、韦锋、邓鑫：《非农就业对农户农地价值预期的影响研究——来自 CHFS 的实证分析》，《中国农业资源与区划》2022 年第 7 期。

杨春华：《适度规模经营视角下的农地制度创新——相关改革试点情况的调查与思考》，《农村经济》2018 年第 9 期。

杨婷、靳小怡：《资源禀赋、社会保障对农民工土地处置意愿的影响——基于理性选择视角的分析》，《中国农村观察》2015 年第 4 期。

殷林森、李湛、李珏：《基于最优停时理论的创业投资退出决策模型研究》，《南开管理评论》2008 年第 4 期。

余澳:《农村土地承包经营权有偿退出机制的建构》,《农村经济》2018年第9期。

余晓洋等:《农村土地承包权退出的缘起及实践模式比较》,《新疆社会科学》2020年第3期。

张成玉:《农村进城买房家庭户口和土地退出问题研究》,《贵州财经大学学报》2021年第2期。

张广财、林俊瑛、顾海英:《农户承包地退出:土地保障还重要吗?》,《农村经济》2021年第11期。

张广财、张世虎、顾海英:《农户收入、土地保障与农地退出——基于长三角地区微观调查数据的实证分析》,《经济学家》2020年第9期。

张克俊、李明星:《关于农民土地承包经营权退出的再分析与政策建议》,《农村经济》2018年第10期。

张力:《地权变动视角下户籍制度改革的法律规制》,《法学》2012年第9期。

张力、杨绎:《人口城镇化背景下农民自愿退出农村地权的法律规制》,《江西财经大学学报》2018年第3期。

张翼:《农民工"进城落户"意愿与中国近期城镇化道路的选择》,《中国人口科学》2011年第2期。

张勇:《农户退出土地承包经营权的意愿、补偿诉求及政策建议》,《中州学刊》2020年第6期。

张云华、伍振军、刘同山:《农民承包地退出的梁平试验》,《中国老区建设》2017年第2期。

张占斌:《新型城镇化的战略意义和改革难题》,《国家行政学院学报》2013年第1期。

赵旭:《农地征收补偿标准研究——基于可持续发展及模糊实

物期权双重视角》,《西华大学学报》(哲学社会科学版) 2012 年第 5 期。

郑雄飞:《新时代建立"农民退休"制度的现实基础与战略路径》,《山东社会科学》2020 年第 1 期。

郑云、李小建:《农村转移人口的农地退出态度及政策建议——基于河南省的调查数据》,《中州学刊》2014 年第 11 期。

钟荣桂、吕萍:《中国城乡住房市场融合:土地制度改革与户籍制度改革》,《经济问题探索》2017 年第 6 期。

钟晓萍、于晓华:《财产还是生产资料?——土地经济属性与农地制度改革路径》,《内蒙古社会科学》2022 年第 1 期。

钟涨宝、聂建亮:《论农村土地承包经营权退出机制的建立健全》,《经济体制改革》2012 年第 1 期。

朱晓刚:《发展权视角下农地征收补偿研究》,《农业经济问题》2014 年第 7 期。

朱朕文:《粮食主产区农村土地承包经营权退出及影响因素研究》,博士学位论文,东华理工大学,2017 年。

邹宝玲、罗必良:《农地功能的再认识:保障、福利及其转化》,《天津社会科学》2019 年第 6 期。

邹宝玲、仇童伟、罗必良、李尚蒲:《农地福利保障如何影响农地转出——基于制度保障与社区保障调节效应的分析》,《上海财经大学学报》2017 年第 3 期。

二 英文文献

Avinash K. Dixit, Robert S. Pindyck, *Investment under Uncertainty*, Princeton University Press, 1994.

Fellmann, et al., "Structural Change in Rural Croatia—Is Early

Retirement An Option?" *International Advances in Economic Research*, Vol. 15, 2008.

Gunnar Breustedt, Thomas Glauben, "Driving Forces Behind Exiting from Farming in Western Europe", *Journal of Agricultural Economics*, Vol. 58, No. 1, 2007.

John M. Greene, "A method for Determining a Stochastic Transition", *Journal of Mathematical Physics*, Vol. 20, No. 6, 1979.

Lorenzetti, Luigi, "Agricultural Specialization and the Land Market: an Examination of the Dynamics of the Relationship in the Swiss Alps, c. 1860 – 1930", *Continuity and Change*, Vol. 29, No. 2, 2014.

Marian Rizov, et al., "Transition and Enterprise Restructuring: the Development of Individual Farming in Romania", *World Development*, Vol. 29, No. 7, 2001.

Maya Kant Awasthi, "Socioeconomic Determinants of Farmland Value in India", *Land Use Policy*, Vol. 39, 2014.

McDonald, Robert and Daniel Siegel, "The Value of Waiting to Invest", *The Quarterly Journal of Economics*, Vol. 101, No. 4, 1986.

Stein T. Holden, Sosina Bezu, "Preferences for Land Sales Legalization and Land Values in Ethiopia", *Land Use Policy*, Vol. 52, 2016.

Zerihun Nigussie, et al., "Factors Influencing Small-Scale Farmers' Adoption of Sustainable Land Management Technologies in North-Western Ethiopia", *Land Use Policy*, Vol. 67, 2017.

后　　记

本书在国家社科基金项目"实物期权视角下农民土地承包经营权有偿退出机制研究"最终成果报告的基础上修改完成，融合了笔者近年来对农地退出相关问题不尽成熟的一些见解。农村土地制度是国家基础性制度，农村土地制度改革关系到广大农民的切身利益。在研究过程中，不断深切感受到农村土地问题的重要性；在阅读相关领域学者的著述时，能够真切体会到诸位前辈和同人对于农村农民的真情实感和为解答好这一问题付出的不懈努力；在案例研读和实地调研过程中，更是被基层首创精神和实践者的智慧深深折服。上述这些，都成为激励笔者继续砥砺前行的精神养分。

本书在写作过程中得到了多位专家学者的大力支持和无私帮助。山东社科院王兴国、张文、孙灵燕等专家均提出了宝贵修改意见，山东社科院科研管理部卢庆华老师为本书出版做了大量联络、协调工作。中国社会科学出版社王曦编辑为本书出版付出了辛勤劳动。课题组成员武锐、王崇宇、郭峰、宋建、李晓宇、相欣承担了资料数据搜集整理等多项工作。在此，一并表示最诚挚的谢意！

感谢国家社科基金项目"实物期权视角下农民土地承包经营权有偿退出机制研究"、山东社会科学院2023年度学术类出版资助项

后　记

目的慷慨资助。

由于时间仓促、水平所限，书中表述难免有错漏之处，敬请大家批评指正。

高　阳

2023 年 10 月 6 日